阅

阅读成就思想……

Read to Achieve

区块链冲击

ブロックチェーンの衝撃

改变未来产业的核心技术

ビットコイン、FinTechから
IoTまで社会構造を覆す破壊的技術

Bitbank株式会社（bitbank, Inc.）
[日] 《区块链冲击》编辑委员会("THE IMPACT OF THE BLOCKCHAIN" editorial committee 2016) ◎ 编著
[日] 马渊邦美（Kuniyoshi Mabuchi）◎ 审订
鲁维琼　魏宁 ◎ 译　　曾丹华 ◎ 审译

中国人民大学出版社
· 北京 ·

推荐序

区块链冲击下的新世界

王昆
葡萄创投创始合伙人，飞鸟社群 CEO

区块链技术起源于 2008 年，最早作为比特币的技术应用而被关注，经过近十年的迭代发展，从不被认可演化至备受全球瞩目。如今，我们已经认识到，区块链可能成为一种改变现代生活方式乃至整个世界的技术。

它的出现给已经形成成熟范式的商业世界带来了新的生机和机遇，让我们的认知边界向广阔的数字世界扩展。区块链在本质上是一系列成熟技术的重新组合：它是分布式账本，是可以没有运营人员的新型数据库，应用共识算法更新和录入数据，应用非对称加密技术保证隐私和数据安全，融合了能自动执行约定条件的智能合约。最终，区块链技术让互联网从信息传递进化到价值传递，让构建信用社会成为可能。用孚链科技创始人赵伟曾经说过的一句话来说明这一点再恰当不过："互联网是第四次工业革命，但还不够彻底。区块链责无旁贷地接过了这杆大旗。"

是什么在支撑比特币的价格？区块链的存在有何意义？互联网环境下诞生的数字货币热潮，是巧合还是必然？要想回答这些问题，我们需要从经济发展史和金融发展史的角度来寻找答案。

从农业社会要占有足够多的生产生活资料，到工业社会是否能进行大规模、标准化生产，生产力与生产关系一直呈现螺旋式推进趋势。而区块链以其全新的思维方式和应用方式引起了人们的广泛关注，特别是在金融科技（FinTech）领域，因为它最有可能以低成本解决金融活动中的信任难题。几百年前，为了配合当时复杂、高风险的欧洲远洋贸易，意大利人发明了复式记账法，而这种记账方式沿用至今。区块链天然的“不可篡改的账本”属性让它首当其冲地得以在金融行业施展拳脚。另外，区块链技术还将推动食品安全、供应链管理、资产管理、知识产权保护、信息安全、跨境支付和证券发行等多个行业的产业升级。

未来，正如《区块链冲击》这本书的书名一样，区块链对人类社会的冲击是我们此时此刻所无法想象的。本书作为日本区块链业界梳理区块链发展脉络和展望未来趋势的权威著作，介绍了区块链的核心概念、架构、底层算法、应用开发、典型项目、常见问题等我们最为关心的内容，前瞻性地展望了区块链技术的未来发展趋势，为我们持续关注和研究正在急剧变化的区块链技术及其面临的环境提供了支持，其中文版在此时出版可谓恰逢其时。

但我们也应当看到，虽然比特币是区块链技术最成熟、成功的应用之一，但是我们对区块链技术在更多现实场景中的应用以及相关技术的认知还有待提升，我们需要冷静分析某些现象，回归商业本质。我们还有很长的路要走，路漫漫其修远兮，不仅需要业界同人上下求索，更需要政策环境的鼓励和扶持。

2018 年必定是区块链飞速发展的一年。我们可以乐观地展望：十年之后，区块链技术已经可以解决多个行业的实际问题，我们身边还将诞生出更多的新时代的巨头。

前　言

比特币的核心技术——区块链

日本政府在 2016 年 3 月 4 日的内阁会议中通过了相关法律修正案，用来限制以比特币为代表的虚拟货币，其中对“虚拟货币”这一名称的使用方法以及虚拟货币功能的正式定义是最引人关注的地方。当然，这次修正是基于拥有最大流通量的比特币这一假设进行的。

比特币是一种以点对点（Peer-To-Peer，P2P）形式运行的开放源代码的数字支付系统。其中，点对点就是不需要特定服务器就能够使联网计算机之间实现互动的网络结构，开放源代码是无偿公开的某些程序的源代码，它能够实现源程序的自由改进和共享。比特币用户不需要通过银行等中间机构就能够与他人进行直接交易。2008 年 10 月，一个自称“中本聪”的人在其发表的题为《比特币：一种点对点的现金支付系统》（*Bitcoin：A Peer-to-Peer Electronic Cash System*）的论文中论述了比特币的原理，这被业界视为比特币的起源。2009 年，比特币开始运行。

2014 年，位于日本东京的当时世界上最大的比特币交易平台 Mt.Gox 宣告破产，这一消息在社会上引起了一阵骚动。我相信，各位读者中肯定有人通过媒体报道开始对虚拟货币持怀疑态度。

其实，这一事件的本质只是一个帮助用户保管比特币的交易平台破产了，并不能说明比特币本身存在问题。

作为比特币核心开发者之一，迈克·赫恩（Mike Hearn）于2016年发表了“比特币实验失败”的言论，并且向外界宣称：“即使短期内比特币的价格会有所上升，但是从长期趋势来看，它的价格也肯定会下跌的。今后，我将不再参与与比特币有关的所有开发活动，并已经出售了我所有的比特币。”

另一方面，Aberdeen技术咨询集团的IT行业高级分析师吉姆·拉波萨（Jim Rapoza）对比特币的未来则持有积极、乐观的态度，他说：“重要的是要消除社会不景气环境下新型货币带来的不安定印象，明确技术的重要性。”

虽然还有各种需要解决的问题，但是时代的步伐从未停止向前。我们需要特别关注比特币的核心技术——区块链。日本瑞穗银行（Mizuho）、富士通公司和富士通研究所（Fujitsu Research Institute）于2016年3月共同完成了基于区块链技术的跨境证券结算实验，证实了区块链的确可以缩短交易结算的时间。

区块链运用了点对点技术，表现为分布式账本。以前，很多信息系统都是在运用中央集权式管理方式的数据库中运行的，与之相对的是，区块链技术破坏了传统意义上的价值链，在开发直接、快速和低价的点对点信息交互模型方面拥有巨大的潜力。

当然，由于当今社会存在着网络信息泄露等诸多安全问题，所以也有很多人担心区块链技术在信息安全方面存在问题。从技术的角度看，区块链技术就是将数据像链条一样互相连接且保存在互联网上，并通过相互制约的机制构筑起高安全性的网络结构，而且数据并不是放在同一个地方来进行中心化管理，而是分节点管理。这样一来，即使其中一处网络受损、数据完全被破坏，那些被破坏的数据也能够被复原。因此，使用区块链技术能够更容易地构建起安全且低成本的网络结构。

畅想未来

不久的将来，我们的生活可能会变成这样：当你想要购买冰箱、汽车、房子、手机和便携式终端设备等商品的时候，这些商品都会被分配一个序列号，而且都装上了可用于网络交易的无线通信设备。一旦商品被购买、认证号码被使用（类似于生物识别技术），人们就能够在网络上使用无线设备记录每一种商品的归属，这样，交易记录就被保存在了区块链上。利用区块链技术，各种设备就能够代替消费者（也就是你）进行自动交易。比如，冰箱会向超市订购食材，汽车可以自动加油，智能家居系统也会主动购买清扫工具等。

所有交易都是使用你的电子钱包进行的。小额交易时无须钱包主人的认证，而当发生大额交易或者多笔交易时，或者当支付需要必要的确认时，你可以使用生物识别技术或者其他类似方法来确认是否下单。这些交易会被记录在你已经开立的账户中，并被存储在银行的开放式区块链账本中。这种记账方式具有及时和低成本等特点。

将来，我们可能不再需要现金，理由就是所有的交易都可以通过物联网（Internet of Things，IoT）在无线网络环境下进行。当你走进便利店或者商场的时候，你随身携带的设备或者已经嵌入你体内的芯片就会显示你所在场所的信息以及你的购物意愿，而且你不需要进行任何支付行为就能够完成购物，比如眨眨眼睛、挥一挥手就能够完成支付认证。

20 世纪 90 年代，很少有人能够想象到互联网会以如此惊人的速度在世界范围内得到普及。对虚拟货币的认识也有可能在 10 年后发生戏剧化的变化，它有可能代替现金、银行卡和支票等。而利用便携式终端设备或者身份识别技术，目前仅存在于科幻世界中的“什么都能买”的理想可能会在不久的将来实现。

今后，我们还将遇到很多不得不解决的问题。能否在交易中既保证应用所必需的算法，又确保交易的安全性，这需要定期审视技术的发展情况。我认为，在比特币等支付方式得到进一步发展之前，了解并掌握更多的技术是非常重要的。

本书旨在鼓励各位读者能够以本书为起点，继续关注和研究正在急剧变化的区块链技术及其面临的环境，并希望通过我们的努力帮助读者进一步了解区块链技术，为社会的发展贡献力量。

目　录

引　言

第 1 章　来自比特币的影响

第 2 章 比特币未来的发展及相关问题

第 3 章 区块链引起的金融变革及其构造

ブロックチェーンの衝撃

引　言

■ 虚拟货币对社会的冲击

虚拟货币对社会的冲击

野口悠纪雄

经济学家

虚拟货币以及支持虚拟货币的区块链技术都是新事物，它们拥有改变社会基本结构的巨大潜力。但是，很多人并不能正确地理解虚拟货币的定义，认为它只不过是电子货币的一种形态，也有人依然对比特币持怀疑态度。特别是在日本，媒体报道把比特币交易所 Mt.Gox 的破产错误地解读为比特币的失败，这在很大程度上歪曲了事实。

下面，我们将探讨虚拟货币和区块链技术的各种可能性。

小额支付的可能性

提起比特币的应用，人们首先想到的就是它可以作为网络购物的一种支付方式，现在已经有很多店铺接受比特币支付了。

比特币的汇款成本不高，所以比较适用于小额支付（极小额度的转账汇款），而信用卡支付作为现在主流的支付方式，由于其汇款成本过高而使很多企业难以维持经营。

为了应对这个问题，市场上出现了各种新型服务，人们为了降低汇款成本也正在做出各种努力。由金融（Finance）和科技（Technology）结合所产生的新型金融服务——金融科技

（FinTech）也将降低汇款成本作为其重要目标之一。以前，以信用卡或者借记卡为基础所构建的支付体系在降低汇款成本方面存在一定的局限性。所以，为了实现真正的小额支付，就不得不依靠虚拟货币的力量了。

但是即便是虚拟货币，在比特币的费用体系中，小额汇款的成本还是相当高的。因此，有必要构建出能够将多笔交易汇总起来，并通过区块链（比特币等虚拟货币的基础技术）来进行汇款的模式。

只有汇款成本下降，我们才有可能在网络上享受各种新型服务。例如，这将有助于实现有偿使用信息。现在，由于汇款成本较高，信息服务很难在经济上获得收益，但是当小额支付成为可能，任何高质量的信息都可能被有偿使用。

跨境汇款

汇款成本的降低将会对跨境汇款产生重大影响。

现在，大多数跨境汇款都是通过银行体系进行操作的，个人进行较少金额汇款的成本还是很高的。

那些在国外工作并且想要汇钱回自己国家的人（如从非洲到中东工作以及从菲律宾到中国香港工作的人）会面临高成本的问题。这些地区已经开始支持使用比特币汇款了，汇款成本将比之前更低。

如果降低发展中国家与发达国家之间的汇款成本的话，那么这不仅有利于境外工作的人，也可能有利于发达国家进行业务外包，比如日本企业就可以将一部分业务外包给亚洲的那些新兴国家。现在，这种合作虽然存在潜在的可能性，却由于汇款成本很高而无法实现。因此，创建支持比特币的汇款系统，无论对日本还是新兴国家而言都具有非常重要的意义。

很多发展中国家的银行网点分布并不完善，这就使像比特币这样的新型汇款方式得到广泛应用成为可能。

虚拟货币之间的竞争

人们对于像比特币这样的虚拟货币也存在争议。大部分争议针对的是比特币的特征，即它与国家发行的货币不同，它的供给（发行量）会随着时间形成固定总量。根据最初的发行规则，从2009 年比特币诞生以来，每天大约每过 10 分钟就会生成新的比特币，以后每 4 年发行量减半，直到达到 2100 万个的总量上限。

然而，虚拟货币不仅仅只有比特币，目前市场上已经出现了1000 多种虚拟货币，其中也有多种发行规则与比特币不同的虚拟货币。

如果对比特币发行量存疑的话，也可以考虑用其他虚拟货币来代替比特币。正是由于虚拟货币之间存在竞争，我们才能够慢慢地选择出具有最合适结构的虚拟货币。所以，我们不仅要关注比特币，更有必要去了解和研究所有的虚拟货币。

各种虚拟货币都有不同的运营模式，其中有些只是比特币的克隆，而有些虚拟货币的运营模式完全不同于比特币。但是，它们之间存在着共同点，那就是不存在中央集权式的管理主体。虚拟货币是通过分布式网络来点对点运行的，这些网络又是通过被称为“公共账本”的区块链来实现交易的。这种模式与以前的电子货币相比能够最大限度地降低汇款成本。

各国的中央银行也特别关注虚拟货币，比如加拿大和荷兰的中央银行都开始着手进行类似的实验。

虚拟货币对国家的影响

大范围地使用虚拟货币可能会严重威胁目前的国家体系。

第一，使用虚拟货币不仅会影响金融机构目前的诸多业务，而且会严重影响金融机构的运行。当然，这与上文提到的金融机构自主发行虚拟货币是两回事。

第二，影响税收。虚拟货币的交易是完全匿名的，所有交易很可能都无法追踪，因此虚拟货币交易的不断增加会对税收产生重大影响。

第三，导致资本外流。如果某国国民对本国货币信心不足，就会通过购买比特币，进而换购美元等价值稳定的货币来转移资本。这样的事情在现实中曾经发生过。2013 年秋天，塞浦路斯就因比特币发生了资本外流。

因此，虚拟货币可能会对国家产生威胁。但是，即使对比特币交易活动进行了限制和管理，只要不禁用互联网，那么虚拟货币就依然有可能继续发展壮大。

区块链技术的应用

虚拟货币运用了区块链技术，但是区块链技术的应用范围并不局限于虚拟货币。

区块链技术的重要应用领域之一就是智能合约。这里提到的智能合约是用计算机程序编辑、无须人类判断就会自动遵循计算机算法来履行契约的合约。人们提议各种经济交易都使用智能合约，并通过区块链来执行智能合约。

在证券交易行业，人们正在对彩色币（coloredcoin）进行测试。彩色币是在特定比特币的基础上附加了某种信息，并且能够独立运行的货币。2015 年，美国纳斯达克证券市场（National Association of Securities Dealers Automated Quotations，NASDAQ）发布消息称，它们使用区块链技术成功地完成并记录了一笔私人证券交易。

虚拟货币的应用越来越广泛，最终有可能实现有价证券的自动化交易，这也可能会给证券行业带来重大影响。

另外，也有人提议通过区块链技术来进行不动产登记。最近几年，我们还发现，汽车等耐用消费品的所有权转让也有可能实现自动化。

区块链的第二个应用领域是物联网。物联网就是通过互联网实现物与物的相互连接。在日本，人们越来越关注物联网的发展。但是，仅仅将各种机器和设备通过互联网进行连接并无法直接提高生产效率。目前，物联网（如电网的管理系统等）因其运营的大规模化而使运营成本较高，所以仍主要应用于对社会有益的高增值活动中。如果将物联网应用于局部性且规模较小的领域（如智能家庭等）的话，运营成本会比较高且并不实用。

我们现在研究的物联网大部分都是将从传感器获取的信息发送到云端，然后再进行中央集权式的控制和处理。然而，这种方式将来一定会在降低成本方面出现局限性，因此，有人提出了利用区块链来降低成本的建议。

更有人提出了利用区块链来经营企业的设想，这就是分布式自治公司（Distributed Autonomous Company，DAC）。简单地说，分布式自治公司就是在无人干预和管理的情况下自主运营的组织，是一种分布式自治组织。所以，有人做出了这样的预测：网络上的所有店铺都将会通过区块链技术成为自主经营的企业。

目前，大部分机器人都可以代替人类进行体力劳动，而如果应用区块链技术，机器人就可能在意识决策方面实现自动化。只是目前，这还暂时停留在构想阶段。

对未来的展望

银行对虚拟货币的认知有了明显的进步。以花旗银行为首的大银行也开始尝试进行相关实验。相信在未来，这样的变化会更快速。另外，从上文提到的纳斯达克所进行的实验来看，区块链技术在货币领域之外的金融交易中的应用也值得我们期待。

未来，在新兴国家和发展中国家，或者那些银行网点并不完善的地域，虚拟货币作为一种汇款方式将会得到何种程度的普及和发展是值得我们关注的问题。我们也期待人们能够开发出更多的应用金融科技的全新方式。

ブロックチェーンの衝撃

第1章 来自比特币的影响

■ 比特币技术对商业造成的影响

■ 比特币与商业

比特币技术对商业造成的影响

山崎大辅

BitBank 株式会社 BTCN 主编

比特币的诞生

“你们认为我想谈的是怎样的技术？1975 年有了个人计算机，1993 年有了互联网，我认为 2014 年该轮到比特币了。”这是网景公司（Netscape）创始人马克·安德森（Marc Andreessen）对比特币发表的著名评论。

2008 年 10 月 31 日，“中本聪”这个名字出现在密码朋克（cypherpunk）[①] 的邮件列表中，比特币的历史悄无声息地拉开了序幕。这一天，他向这个邮件列表发送了一篇名为《比特币：一种点对点的现金支付系统》的论文，系统地提出了比特币的基本构想。他在论文中说，比特币是一种不存在特定服务器和发行主体的货币，它的发行（挖矿）是通过工作量证明（Proof-of-Work，POW）机制完成的。工作量证明机制可以有效防止电子货币中双重支付问题的发生。你的交易将会由电子签名进行保护，然后通过计算哈希值（即使用散列函数映射出的数值）被存入相互连接的区块中，这些区块会以链条的形式与交易的时间戳一起被记录下来。

① 密码朋克是由那些致力于推动广泛应用密码技术的活动家所成立的组织。——译者注

其实，在网络上创建“分布式货币”的尝试早在比特币之前就已经开始了，比如在比特币设计中被引用的戴维（Wei Dai）的B-money（1998年）和尼克·萨博（Nick Szabo）的比特金（BitGold，1998年）等，其中比特金被称为比特币系统的基础方案。

2009年1月，比特币的客户端被公布，它一出现就在一部分计算机爱好者间流传开来，他们仿佛在争先恐后地参加一个“秘密金融会议”。比特币核心开发者、对数据传输协议做出贡献的加文·安德烈森（Gavin Andresen）就是其中一人。在比特币出现后的一年中，它一天的交易量大约只有100个，但是从2009年10月比特币被赋予价值以来，它开始被越来越多的人接受。最初，1美元可以兑换1309.03比特币。比特币论坛BitcoinTalk的管理员塞莫斯（Theymos）曾发表过“尽管如此，我还是觉得太高了”的言论。

后来，我们能够用比特币来购买比萨饼和汽车，而且各种商品和服务在能够使用比特币支付后的销售情况也越来越好。有报道称，2014年1月，美国网上零售商Overstock在允许使用比特币进行支付的3天内，使用比特币支付的购物额就达到了1亿日元。现在，微软、亿客行（Expedia）、DishNetwork、乐天市场（Rakuten）、Square① 和Ebay等公司的网络商店都可以使用比特币支付。

接受巨额投资的比特币技术

Mt.Gox的破产给很多金融机构和投资者带来了一定的冲击。虽然它的破产会造成数百亿日元的损失，但是已经拥有数千亿日元资产的支付系统在没有特定服务器和信任第三方管理的情况下

① 一家游戏软件公司。——译者注

却能够自治运行的事实更让我们惊讶。交易平台的破产对比特币网络并没有造成任何影响，比特币在黑客攻击和行业不景气的情况下不但发展没有受阻，反而提高了自己的社会影响力。从 2014 年开始，对比特币及其相关技术的投资出现急剧增加就是一个很好的证明。以弗雷德・威尔森（Fred Wilson）、马克・安德森、雷德・霍夫曼（Reid Hoffman）为代表的硅谷投资家都对比特币技术表示赞赏，所以比特币领域在 2014 年总共实现了 3.6 亿美元的风险投资，这一数字在 2015 年达到了 6.5 亿美元。2015 年 4 月，巴克莱银行（Barclays Bank）、瑞银集团、花旗集团和高盛等各大金融机构也开始参与投资。有了巨额投资，对比特币技术的研究开始如火如荼地展开。

为什么人们会集中投资比特币呢？为什么它会引起互联网时代的企业家们的关注呢？为什么金融机构、企业和政府会一直持续投入巨额资金呢？究竟这种技术会带来什么样的新范式呢？人们一般很难理解技术进步有何战略意义，而区块链这种新技术的确在众多方面影响了我们的生活。本书将帮助读者更好地理解这种跨行业的技术会给我们的生活带来哪些变化。

区块链及其行业发展动向

我们之所以说比特币和区块链技术是一种创新，主要有以下两个理由。

第一，它能够提出解决计算机学科中古老问题的策略。比特币实质性地解决了拜占庭将军问题，原因在于比特币背后的区块链技术拥有“全局一致性”的结构。拜占庭将军问题是，在像互联网这样没有可信前提就能够实现相互通信的网络中，参与者之间怎样才能达成共识的问题。如何才能解决这个问题呢？首先在比特币网络中，所有Nonce值（随机数）都需要比特币挖掘者（矿工）进行计算，最快挖到的人为胜者，并允许强行达成共识。另外，为了使比特币的交易历史无法被篡改，比特币网络的各个节点始终“将最长链条视为唯一正确链条，而忽略其余分支链条”。所以，比特币数据被改写的可能性成功地实现了最小化。自诞生以来大约八年的时间中，比特币一直作为转移价值的网络在安全、成功地运行。

第二，它能够实现“价值”在互联网上的流通。这里指的是由于有了这样的网络，在多数不特定用户参与的互联网环境中，比特币让“价值”实现了流通。这是什么意思呢？其实很简单，就是所有资产都能够放在互联网上进行自由交换，比如房屋钥匙、车钥匙、土地、股票、知识产权以及其他所有的权利和合约等。无论用多么华丽的辞藻来赞美这项创新之举都不为过。比特币也因此被称为“金钱互联网”和“价值互联网”。

另一方面，我们从比特币背后的技术中并不能看清楚区块链的全貌。比特币虽然能够实现价值在互联网上的流通，但是即使将区块链纳入我们现在所使用的信息技术系统，也无法创造出新服务。因此，让我们先把比特币放在一边，换一种思考方式吧！

首先，让我们看看企业对区块链有何期待。区块链的行业发展动向大致有以下四点。第一，用区块链置换那些用以处理价值关系的复杂系统，或者制订全新的系统开发计划；第二，在复杂的组织结构中共享区块链，形成不经过特定中央管理系统的路径来提高组织效率；第三，利用区块链自动处理业务，从而降低成本；第四，使用区块链来构建可直接使用的新服务。目前，大多数致力于区块链研究的公司都在探索有效利用区块链的模式。

金融机构使用区块链的动机是非常明显的。美国奥纬咨询公司（Oliver Wyman）在其 2015 年 6 月发布的报告《金融科技 2.0》（*FinTech2.0*）中提道：“如果能够有效利用比特币的分布式账本技术，到 2022 年，金融机构的业务成本可以削减超过 150 亿美元。”

金融业的变化

一般来说，区块链因其设计原因不适合在像股票市场这样高交易频度、高交易量且严格要求交易时间的环境中使用。我们认为，区块链在交易频度不那么高且时间要求不那么严格的系统中使用更容易发挥其有效性。因此，美国纳斯达克公司为私人证券基础系统导入了区块链，美国存管信托和清算公司（Depository Trust & Clearing Corporation，DTCC）在其国债和信用违约互换（Credit Default Swap，CDS）产品交易上进行了区块链实验，日本瑞穗银行和富士通公司在跨境支付业务上也进行了类似的实验。

让我们再来仔细看一下金融机构在区块链研究和应用方面的进展吧。2015 年 4 月，瑞银集团和位于伦敦的世界顶级科技加速器 Level 39 合作，共同建立了致力于研究区块链技术的创新实验室。瑞银集团就这样完成了对以智能合约为基础的智能债券的探索。而且，该集团还联合全球几大银行完成了对公用结算币（USC）项目的开发。公用结算币项目旨在使各国央行能够在区块链上更容易地发行货币。奥纬咨询公司的一份报告显示，预计银行每年处理各种交易的成本将高达 650 亿 ~ 800 亿美元，而应用区块链将有望实现成本的大幅度削减。

2015年9月，高盛集团为SETLcoin提交了专利申请。SETLcoin是一种基于区块链技术的虚拟货币，旨在提高证券交易和交易结算的效率。高盛集团采用了项目内置的密码学货币（Positional Item inside Cryptographic currency，PIC）的方案，而这是经过高盛深思熟虑的。高盛集团称，SETLcoin能够将美元以及IBM和谷歌公司的股票等实际存在的资产转化或映射为区块链上的资产，并且能够保证所有交易都实现“瞬间执行和结算”。

另外，花旗银行、纽约梅隆银行（Bank of New York Mellon）和三菱东京日联银行（Bank of Tokyo-Mitsubishi UFJ）都在其内部进行了发行数字货币的实验，我们也能从中看出金融机构对区块链的期待。

围绕区块链技术的开发，拥有专业技术的新兴初创企业开始与传统的金融机构合作，对于成为技术开发的领导者展现出浓厚的兴趣。2015年9月，总部位于纽约的初创企业R3CEV创立了区块链联盟，吸引了巴克莱银行、瑞银集团、澳大利亚联邦银行（Commonwealth Bank of Australia）、西班牙对外银行（Banco Bilbao Vizcaya Argentaria，BBVA）、美国道富银行（State Street）、瑞士瑞信银行（Credit Suisse）、摩根大通集团、苏格兰皇家银行（Royal Bank of Scotland，RBS）和高盛集团等多家银行参与。2015年年底，联盟成员增至42个，它们共同致力于金融机构分布式账本系统的开发。该联盟目前是世界上获得最多银行支持的区块链项目之一。

现阶段，区块链的应用探索还停留在局部领域。难道没有可能出现以区块链为基础的银行吗？设想有这样一家分布式架构的银行：首先，它要有一个世界通用的账本，每个人都可以自由访问并进行存款、转账或者接受融资；其次，人工智能通过监视交易活动，自动计算出每个人的信用度分数；最后，所有资产都能够被记录在分布式账本上，并且能够以点对点的形式与任何人进行直接交易，股票、股权甚至连信用都可以交易。在依靠互联网和点对点网络解决一切的世界里，现有的商业模式将再一次被颠覆。如果存在这样的世界，那么传统的金融机构的业务，比如为讨厌管理密钥的人设置的密钥管理服务将可能变得完全不同，将有价证券完全记录在区块链上也会完全不同。法国巴黎银行分析师约翰·派瑞查特（Johann Palychata）曾表示："在这种极具颠覆性的技术环境下，现有的行业参与者都将变得多余。"虽然他的言论可能有些极端，但是普华永道的一份调查报告显示，多数金融从业者都认为，"未来，银行 28% 的业务都将被新技术所取代"，他们都感受到了区块链技术所带来的威胁。

正如渣打银行的首席创新官安瑞·帕特瓦丹（Anju Patwardhan）所说的"后金融危机时代的加强管制和技术革新把银行逼到了岔路上"一样，金融行业存在着某种不稳定性似乎是人们达成的一种共识。然而，银行不会在一朝一夕中被完全重塑，区块链技术也不可能影响一切。

更准确地说，区块链的出现对银行而言是一个使金融业务实现大范围商业化的绝佳机会。区块链技术实现了当天结算（被称为 T+0 模式，指交易当天可完成结算），也就是说在点对点网络中能够实时将资产从 A 手中转移至 B 手中，为交易者直接传递信息，而且完成交易的资产无须花费时间和成本就可以直接进入下一次交易。以这种方式实现所有资产的流动能够破除金融行业和其他行业的壁垒，大部分应用程序和服务都可以与金融服务实现无缝连接。

看到这里，你可能会觉得我们把关注的焦点都放在了金融机构上，但是区块链技术绝不是金融机构的“专利”。区块链与处理资产关系的银行业务保持着很高的相关性是因为区块链天生具有的“账本”功能。遗憾的是，很多媒体只是简单地将区块链置于金融科技的范畴内，而事实上，区块链可以形成一种新的交易模式。

我们在生活中经常进行各种交易，比如手机套餐的签约、租赁合约、汽车保险合约或者在亚马逊网站上购买生活用品以及签订劳动合同等，对我们而言，这些都是在生活中必不可少的交易。区块链技术从根本上颠覆了从物物交换经济时代到货币经济时代的转变，改变了“交易”的概念。让我们来畅想一下处处都有区块链参与的未来生活吧。

物联网的变化

我们以物联网和机器对机器（Machine-to-Machine，M2M）为例来看看区块链给我们生活带来的变化。智能钥匙、智能锁或者环境传感器等在物联网中非常具有代表性，但是它们都只是“稍微智能一些”的设备。而基于区块链技术，我们可以将所有信息都在公有网络上公开，这很有可能会获得意想不到的效果。区块链的世界是这样的：一架无人机在某家工厂 1 平方公里的范围内盘旋，它的程序被设置为“用数字货币完成支付后，收集环境数据，然后再返回”。当需要环境数据的人（或者设备）完成支付后，无人机首先要确认电池的使用状况，如果电量不足就需要充电，并使用数字货币进行支付。充电完成后，无人机会自动启动数据收集程序。比起接收信号，上传数据时需要一个更大的通信域，因此需要为路由器支付通信费用。拿到环境数据的人（或者设备）把从其他地方收集来的数据与这份数据进行组合加工，再与其他人（或者设备）进行交互。这就构成了一个流程。也就是说，在这样的世界中，设备自己会自主地进行经济活动，无人机的收益是从其接收的数字货币中扣除充电、路由器使用费用后剩下的那部分。充电设备和路由器也各自会与电网和互联网服务提供商（Internet Service Provider，ISP）进行互动。

未来，如果上述情景真实现的话，那么人们大概也不用工作了。今天，人们所从事的很多经济活动都可以被能够实现相互支付和沟通的人工智能所取代了。如果人工智能也能够形成自由市场的话，那么这将改变现有的一切。所有的劳动力、能源、资产及其所有权都会在区块链上实现代币化，也都能够在网络上被共享。那么，人类以及以人为前提而运行的金融体系将没有存在的余地。

与法律有关的变化

在区块链上，前一次交易的支付完成表现为一笔业务的实现。“现在，我把我的比特币使用权转交给你”，这就是比特币的一笔业务。毫无疑问，这实质上就是基于数字化的所有权让渡。也就是说，区块链的应用在法律领域也是值得探讨的。在这方面，备受关注的是一种被称为“智能合约”的技术。智能合约是将合约内容以数字化形式记载，如果符合法律规定就会自动按事前约定而执行的一种程序。虽然已经有很多能够实现合约无纸化的技术公司，但是自动执行权利和实现资产转移就是区块链的拿手好戏了。位于伦敦的律师事务所 Selachii 就完全接受了区块链技术，它利用智能合约开发出了自动执行诉讼合约的基础设施服务。但是，智能合约只不过是将“双方约定好的内容”表现在区块链上。如果通过中央服务器来处理合约，那么这就与普通的处理方式没有任何区别了。所以，人们对于如何灵活地运用智能合约才能发挥其优势的问题仍存争议。

健康管理领域的变化

区块链技术也开始应用于健康管理领域。在健康管理领域，我们会使用电子病历（Electronic Medical Record，EMR）和个人健康档案（Personal Health Records，PHR），其中电子病历是能够在医疗机构之间实现共享的、数字化的患者医疗记录，个人健康档案是患者能够随时阅读或者提供给医疗机构的自己的医疗记录，区块链技术的出现可能会让它们发挥更大的作用。因为区块链既能够让患者信息在多数机构中实现简单共享，也能够用电子签名保证信息的安全。具体而言，患者可以把自己的健康记录密码化并写入区块链，然后把这条附带使用期限、次数限制等条件的标记（token）交给医疗机构，这样患者就能够让医生看到他们指定的数据，也就是说，患者自己掌握了访问控制的主动权。如果这能够实现的话，就没有必要去依赖那些能够将患者信息导入医疗机构的系统了。这就意味着我们的健康数据将交由我们自己来管理，我们将从被动管理变为主动管理。

例如，爱沙尼亚政府就与安全软件公司 Guardtime 制订了一份关于医疗健康领域的合作计划。在爱沙尼亚，行政服务正在不断实现电子化，政府管理着 130 万公民的医疗记录。如果将这些数据上传至区块链，预计将大幅降低系统的维护和管理成本。另外，在使用可穿戴设备的家庭医疗领域中，通过设备传感器获得的健康数据将与时间戳一起被上传至区块链。这样，在大幅降低医疗机构的病情监视成本的同时，也有可能为患者提供更加高效和高质量的医疗服务。

政府行政服务的变化

英国政府首席科学顾问马克·沃尔伯特（Mark Walport）认为："以往的中央管理服务器很容易发生单点故障，即如果其中一处出现故障，整个系统都会出现故障。"一般的应用服务器也会出现这种情况，但是作为必须为全国民众提供安全服务的行政单位，为了避免出现像黑客攻击、系统停运等类似的单点故障，政府就需要投入巨额管理成本。区块链技术能够以分布式网络的形式和低廉的价格对如此庞大的行政服务系统进行重构。行政服务中有多种必须强调透明性的服务，比如选举投票和征税等，仅凭区块链具备的可追溯性这一特征就有充分的理由在行政服务中应用区块链技术。

乌克兰政府已经与多家初创企业合作，共同致力于以以太坊（Ethereum）① 为基础的决议投票系统E-Vox的开发。E-Vox系统既能够生成以智能合约形式存在的陈述书，也能够行使决议权。预计乌克兰将在几个城市（如基辅、敖德萨等）的市议会选举中进行 E-Vox 系统的实验。

另外，电子身份证的发行也是区块链在行政领域应用的热门

① 以太坊是能够在区块链上实现智能合约、开源的系统，我们将在本书第 5 章中具体介绍。

话题。户籍、纳税、土地登记、住所转移、护照发行、年金和其他公共福利服务等所有信息都能够存储在身份证中，人们就可以享受更便利的行政服务。尤其是在那些行政基础设施并不完善的发展中国家，区块链技术更有可能发挥非常重要的作用。

以上展示了区块链对商业的影响，但这只是区块链技术影响力的极小一部分。现在，全世界的金融机构都在进行有关区块链技术的实验，我们相信，未来这种技术的影响力会越来越明显。与金融机构的发展动向相同的是，非金融领域也将呈现出积极探索并实现灵活应用区块链技术的趋势。区块链技术引发的颠覆就在我们眼前。

比特币与商业

广末纪之

BitBank 株式会社董事长首席执行官

2015 年 1 月，一篇题为《比特币：一种不正当的交易方式》的文章出现在日本的报纸上。文章中写道，由法国人马克·卡佩尔斯（Mark Karpelese）经营的当时占世界上约 70% 市场交易份额的比特币交易平台 Mt.Gox 由于内部的不当操作，使客户存储在平台上的 99% 的比特币不见了。消失的比特币的价值按照当时汇率计算大约为 500 亿日元，数额之大震撼了整个世界。时任日本财务大臣的麻生太郎认为，比特币是不会存在太久的，肯定会在某处露出破绽，很多大型媒体也都对此进行了大肆报道。受到媒体影响，很多人都对比特币产生了类似之前电子货币巨额欺诈事件一样的印象。后来，很多日本人对比特币的本质产生了误解，认为比特币时代已经走向终结。

但是，无论是 Mt.Gox 事件发生时还是现在，比特币网络都在正常运行。我认为，人们对比特币网络的认知可能存在问题。很多企业家都在 Mt.Gox 事件发生之后，带着各种期待和目的进入了比特币市场。

在本文中，我将通过具体的事例介绍比特币对各行业产生的具体影响。

日本比特币相关行业的发展

Mt.Gox 事件之后的两年内，日本多家企业开始关注比特币。但目前与比特币相关的各行业仍处于整顿流通环境的阶段，基本条件都在逐步形成。与比特币相关的行业可以按照消费导向进行分类，如表 1–1 所示。

表 1–1　　与比特币相关的行业的分类

（A）挖矿	矿池的提供和专用机器的售卖
（B）交易所	比特币与法定货币的交换场所
（C）钱包	比特币（密钥）的保管、管理和收发信号的系统
（D）结算	提供比特币的结算系统，实现与法定货币的兑换功能
（E）汇款	主要提供境外汇款的功能
（F）ATM	通过机器实现比特币的购买和销售
（G）媒体	提供关于比特币等虚拟货币的信息
（H）其他	物理币等促销商品的制造和售卖

（A）挖矿

由于日本没有挖矿的从业者，这一部分内容将在第 2 章中介绍。

（B）交易所

交易所，顾名思义就是比特币（或者其他虚拟货币）与法定货币（如日元）进行交换或者交易的场所。与东京证券交易所承担着股票与法定货币交易的功能相类似，这个交易所就像互联网接入商一样，担任着网关的角色。大多数持有比特币的消费者则是交易所的参与者。

日本的交易所不仅提供虚拟货币的交易、期货交易和信用交易等多样化交易服务以及面向贸易商的特别交易等服务，这些服务能够满足单纯的现货交易，而且还在进一步探索满足消费者需求的新途径。交易所的收益主要来自交易手续费和信用交易所产生的利息等。

图 1–1 展示了比特币交易的成交额，大体呈上涨趋势。我们从图中能够看出，使用比特币进行交易的人越来越多，行业发展势头良好，整体交易量也在增长。

截至 2015 年 11 月，日本主要交易所的成交额以 BTC 计算超过了 35 万 BTC。如果以 1BTC = 5 万日元[①] 计算，也就是超过了 175 亿日元。遗憾的是，与股票、外汇等传统金融产品的规模相比，比特币的交易规模可能并不值得一提。表 1–2 展示了这些主要交易所的特征，我们从中可以看出，各家交易所都在谋求差异性。

① 1 日元约为 0.05912 人民币。——译者注

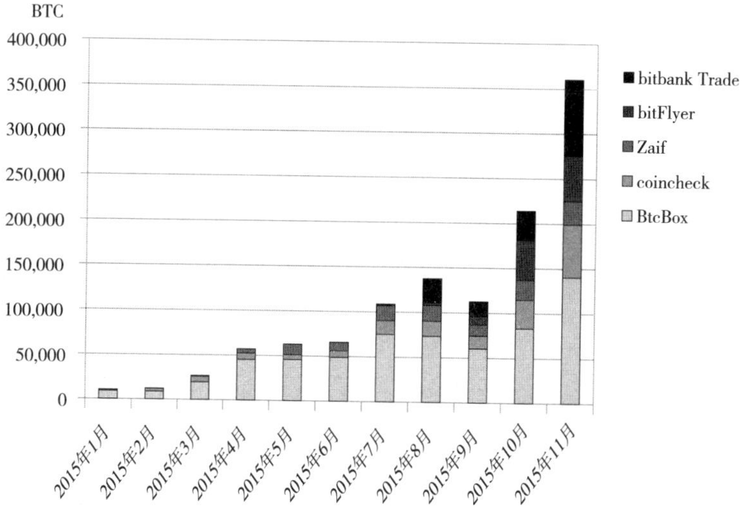

图 1-1　日本主要比特币交易所的月成交额
（根据日本主要交易所的公开数据制作而成）

表 1-2　　日本主要比特币交易所的特征（截至 2015 年 12 月）

	比特币现货	比特币信用	比特币期货	山寨币（altcoin）	说明
bitcoin Trade	○		○		可以实现比特币现货和期货交易
bitFlyer	○	○			可以实现比特币现货和信用交易
Zaif	○	○		○	除了比特币，还可以进行萌奈币（monacoin）的交易
coincheck	○	○			可以实现比特币现货和信用交易
BtcBox	○	○		○	除了比特币，还可以进行莱特币（Litecoin）和狗币（Dogecoin）的交易

今后，交易所的差异化竞争将在商品服务、交易方式和手续

费收取方法等方面更为明显。交易所虽然是不可缺少的，但是参照资本趋于集中的发展经验，今后很有可能会逐步进行合并或者被撤销。目前，现有交易所采用了传统的中央集权式管理，而其本身有可能朝着分布式管理转变，因此现有形式的交易所在未来的发展情况还是个未知数。

（C）钱包

钱包用于比特币的保管、接收和发送，是最常见的应用之一。总体而言，钱包有四种，每种钱包都有各自的特征，具体如表 1–3 所示。

表 1–3　　钱包的分类与特征

类型	概要	举例
客户端钱包	能够下载区块链上所有交易数据	Bitcoin-Qt、bitcoind
SPV 轻钱包	参考外部服务器上的区块链	Electrum、MultiBit
在线钱包	连接互联网的网络钱包	Blockchain.info、coinbase
离线钱包	不连接互联网的物理钱包	Trezor、Paper Wallet

比特币钱包是很重要的一种应用，且大多数钱包都可以实现免费使用。从服务提供者的角度来看，这种应用没有收益模式，可能不具备商业价值。我所在的公司也提供一种名为 bitbank wallet 的网络钱包（如图 1–2 所示）。虽然使用钱包是免费的，但是因其具有使用信用卡来购买比特币的附加功能，所以销售手续费就可以被视为其获得的收益。另外，还有离线的物理钱包，如图 1–3 所示。

图 1-2　在线钱包 bitbank wallet

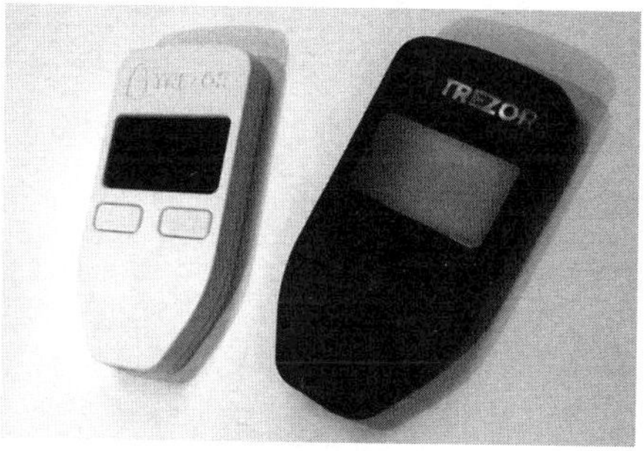

图 1-3　离线钱包 Trezor

对用户来说，虽然将密钥交给比特币钱包服务运营者等专业人员管理非常方便，但现状是，服务运营者的风险（密钥的保存和管理风险）与收益无法实现平衡，这对服务运营者而言也是一件相当苦恼的事情。今后还可能出现服务运营者为确保安全性而向用户收取管理费的情况，但是截至目前，比特币钱包是否存在盈利前景还是个未知数。表 1-4 展示的日本比特币钱包的主要经营者，仅供参考。

表 1-4　　日本比特币钱包的主要运营者

服务名	类型
bitbankwallet	线上钱包（网络）
Coincheck	线上钱包（网络）
LUXSTACK	客户端

（D）结算

结算是想要接受比特币支付的商家（比如运营网店的个人或者企业）从比特币代理结算方实现结算的必要功能，并将获得的比特币与法定货币进行交换的一系列服务，具体如图 1-4 所示。在互联网领域，从事信用卡代理结算业务的企业有很多，我们可以借鉴这种业务操作来理解比特币的结算。

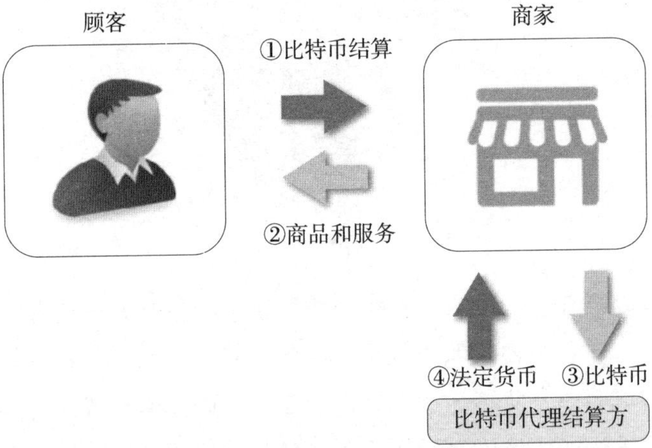

图 1-4　比特币结算的商业模式

与 VISA 卡、Mastercard 卡不同的是，比特币正是因为不存在中央管理机构才能够实现极低的使用手续费。从商家的角度看，保持结算代理手续费的低廉（如将手续费金额定为结算金额的 1%）是一个很有诱惑力的条件。

另一方面，比特币市场瞬息万变，其中蕴含着很多结构性问题。比如，如果商家以 1BTC 的价格将商品或者服务销售给用户，在与比特币结算方进行法定货币交换时比特币的市价出现下跌，那么这就存在收回的成本低于销售价格的风险；反之，比特币市价上涨、收益增加的情况虽然也存在，但是为了排除商家的风险，价格变动的风险不再由商家来承担，而是会普遍采取以征收 1% 的交易手续费的方式。

对商家而言，由于使用代理结算的手续费比信用卡手续费更低廉，而且不存在结构性退款要求，所以他们很少抵制人们使用比特币支付。但是目前的情况是，使用比特币的人数在网络上是受限的，而且缺乏对商家使用比特币的激励机制，所以很遗憾，日本在比特币结算方面的发展也受限。

现在，虽然持有比特币的外国人数量比日本人多得多，但是随着 2020 年东京奥运会的临近，外国人访日政策可能有所完善，所以，不仅有必要在日本增加面向外国人的、可接受比特币支付的商店，而且还有必要在网络上设置面向外国人的销售服务，这样才有可能发挥比特币结算的重要性。目前，日本主要的比特币结算服务提供商有 GMO 支付网关 /bitFlyer、Coincheck Payment、Zaif Payment 和 econtext 等公司。

（E）汇款

境外汇款是比特币能够发挥其功能备受期待的领域，其模式很简单，汇款双方能够使用法定货币和比特币完成汇款，具体如图 1–5 所示。

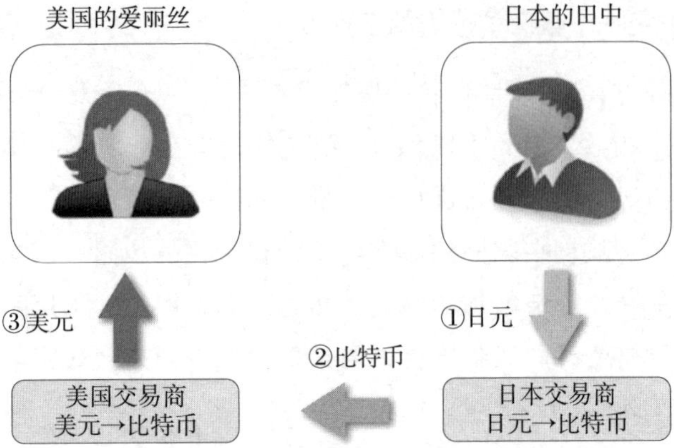

图 1-5 使用比特币的汇款模式

假设日本的田中先生想要给美国的爱丽丝女士汇款。首先，田中向日本的比特币交易商存入日元，将日元兑换成比特币，然后交易商会将比特币发送给美国的交易商，兑换成美元，这样爱丽丝就能拿到美元了，这就是整个流程。使用比特币进行交易的好处就在于，比特币的接收和发送几乎不收取手续费，而缺点则是在入口或者出口时需要支付兑换手续费，还要面对比特币汇率在接收和发送期间的变动。

另外，该行业中仍存在很多不确定因素，除了价格变动因素外，还有很多法律方面的问题。比如，日本现在存在诸多亟须明确的涉及资金结算、外汇和反洗钱等复杂法律问题，而企业为了进行商业汇款就会相应地承担诸多法律风险。我们看到很多人都对通过银行进行境外汇款所需支付的高昂手续费以及银行柜台窗口工作时间的限制表示出了极大的不满，所以不难看出，使用比特币进行手续费低廉的境外汇款是人们非常期待的服务。

（F）自动取款机

你可以参照便利店内银行的 ATM 想象一下比特币 ATM：如果

你向这个机器内存入法定货币，就能够获得相应时价的比特币；反之，如果你存入比特币，就能够获得相应时价的法定货币。

比特币 ATM 有两种：双向型（比特币与法定货币的兑换）和单向型（法定货币兑换成比特币），具体可见表 1-5、图 1-6 和图 1-7。起初双向型机器是主流，但由于 KYC 原则，即“了解你的客户”原则，也就是经客户本人确定的操作，以及机器的管理维护的成本较高，这种机器的数量日渐减少，反而机器价格和管理维护成本低廉的单向型机器成了新主流。但是，单向型机器与其说是 ATM，不如说是比特币的自动贩卖机，而购买比特币并不一定要通过机器操作，在网上交易所就能够完成购买。

表 1-5　　比特币 ATM 的分类

双向型	比特币◀——▶法定货币	ATM
单向型	法定货币——▶比特币	自动贩卖机

图 1-6　双向型 ATM（以 Robocoin 比特币 ATM 为例）

来源：增田真树对 TechWave 公司的新闻报道。

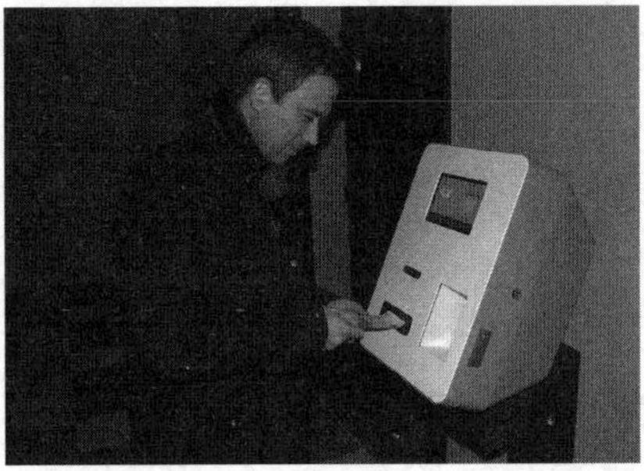

图 1-7 单向型 ATM（以 Lamassu 比特币 ATM 为例）

来源：Bitcoin News 网站上克里斯蒂安·梅德（Christian Maeder）的文章。

一般而言，机器的制造、保养、维修、运营和安装成本都在不断上涨，机器供应商和安装运营公司很难实现盈利。目前，机器供应商利用出售机器和收取检修费用、安装运营公司通过收取相对高额的交易手续费（10% 左右）来维持经营，但是看看那些免手续费的方法，要使这些 ATM 的商业模式实现正常化还是相当困难的。

双向型 ATM（Robocoin）是我所在公司打造的、日本的第一台比特币 ATM，如图 1-6 所示。我们从它的运营实践中学到了很多，也意识到了很多不足，具体如表 1-6 所示。

表 1-6 比特币 ATM 在运营方面的优点和不足

优点
因稀奇性具有话题性，能够得到媒体关注，有一定的公众效应
能够为商家吸引新客户
不足
机器体积大，安装和移动比较困难
用户认证时间较长
无法顺利识别日本驾照
对日本之外的机器供应商的管理比较混乱

日本目前安装了大约 10 台比特币 ATM，其中安装在东京的机器的信息如表 1-7 所示，仅供参考。有兴趣的人可以实地感受一下。

表 1-7　　比特币 ATM 在东京的安装情况

商家	所属行业	地点	自动取款机类型
银座沼津港	回转寿司	东京银座	Genesis Coin
The Snack	咖啡馆	东京银座	BitOcean
The Pink Cow	酒吧	东京六本木	Robocoin

另外，除了 ATM，比特币还可以面对面地交易，其中比较知名的服务就是如图 1-8 所示的 Local Bitcoins 了。这是一种通过网页帮助买家和卖家实现直接沟通，并在某地约定进行面对面的比特币与现金交易的服务。出于好奇，我也曾作为买家使用过这项服务，与一位因工作来日本出差的外国男性买家约在一家酒店的大堂见面并直接进行了比特币与现金的交易。比起使用交易平台，这种服务可能会在汇率上有不利之处，但是当持有比特币的人到国外而需要当地货币时，这种服务就会相当有用。另外，我们需要了解的现状是，在日本以外地区，比特币 ATM 的数量很少，而且我们也无法在当地交易所立即开设账户。

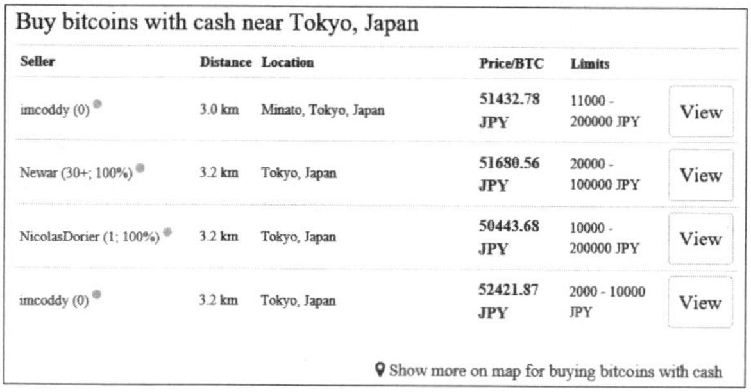

图 1-8　Local Bitcoins

来源：LocalBitcoins.com

日本科技局株式会社也提供类似面对面的智能 ATM 服务（机器在东京的分布情况如图 1–9 所示）。如果交易对象能够使用日语交流，那么交易更容易达成。

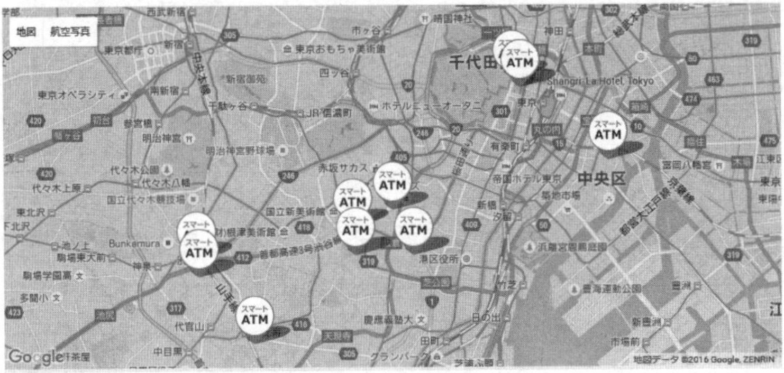

图 1–9　日本科技局株式会社的智能 ATM 在东京的分布情况

（G）关注比特币的媒体

比特币首先是在其他国家发展起来的，所以日本在这方面的新闻信息非常有限。我所在的公司想要让日本民众了解世界上正在发生的事情，所以开始运营比特币新闻媒体 BTCN。除了我们公司可以提供信息服务，也有几家媒体（如表 1–8 所示）正在积极参与，所以人们可以更加便利地获取有关比特币的信息。

表 1–8　　关注比特币的日本主要媒体

名称	运营和管理方
BTCN 比特币新闻	Bitbank 株式会社
《加密货币》杂志（*Crypto Currency*）	个人
CoinPortal	J Trust 株式会社
CoinTelegraph（日本）	Trillion 株式会社

这些媒体的商业模式与一般的互联网媒体一样，都建立在广告收入模式基础之上，但是由于用户数量有限，还没有完全凭借广告收入来获得足够利润的媒体。

（H）其他行业

除了上述介绍的行业之外，还有几个周边性行业。在这里，我想介绍一下实体比特币（有形货币）。

图 1-10 是我所在公司的 Casascius 制造的实体货币，这种货币内置了密钥，可以用来提取比特币。Casascius 制造的这种币虽然可以被视为一种模型，但是它拥有宛如真实货币的质感。它是在比特币萌芽时期发售的货币，遗憾的是现在已经不再销售了。

图 1-10　Casascius 制造的实体货币

日本也制造了类似的实体货币，如图 1-11 所示，这是一种名为“悟”（Satori）的货币。它由塑料制成，每一枚所代表的比特币数量虽然很少，但是它有着非常完美的设计，能够作为商品获利。

图 1–11　名为“悟”的货币

世界范围内比特币相关行业的发展

挖矿

挖矿是比特币生态系统中最重要的工作之一。比特币世界中的挖矿就是使用算力进行大量的计算，从而产生比特币交易的集合——区块。

在比特币网络上每挖掘 1 个区块大约需要 10 分钟的时间，成功完成挖掘的矿工可以获得 25BTC 的报酬[①]。

以一天 24 小时来计算，每天所有矿工可挖掘 25BTC × 6 × 24=3600BTC，假设时价为 1BTC=5 万日元，那么每天所有矿工可以挖掘的比特币价值 1.8 亿日元。而且，每天都会产生新的价值，所以矿工会互相争夺这些价值。从挖矿行业整体来看，每天既有 1.8 亿日元的收入，也有矿机的设备、电费和人工费等费用

---

① 截至 2015 年 12 月的数据。目前，矿工奖励已减半为 12.5 BTC/ 区块。——译者注

支出，那么差额就应当是矿工的收益。挖矿大致分为独自挖矿和矿池挖矿两种，具体如表 1–9 所示。在比特币行业中，凭借个人能力独自挖矿是一件非常困难的事。相比而言，矿池因具有专用的挖矿中心、电费和人工费价格低廉、与专家合作等优势而成了挖矿的主要方式。

表 1–9　　挖矿的方式

独自挖矿	单独挖掘	挖矿所得报酬可以独享，但是需要有自己的专业且高价的设备
		高风险、高收益
矿池挖矿	与其他矿工合作挖掘	挖矿所得报酬需要按比例分配
		低风险、低收益

每个人都可以成为比特币矿工，但是在日本，由于电费昂贵等原因，加入这一行业是非常困难的。这一行业的主战场在中国。

图 1–12 展示了截至 2015 年 12 月，全球范围内矿工的挖矿情况。我们看到，排名第一的是中国的蚂蚁矿池（Antpool），排名第二的是中国的神鱼矿池（F2pool），排名第三的是中国的比特币中国（BTCChina）矿池，排名第四的是 BitFury 矿池。

上述挖矿者中还有为挖矿组织和企业制造并向其销售 ASIC 矿机的公司，如图 1–13 所示。销售 ASIC 矿机的公司与向淘金矿工销售牛仔裤的李维斯公司（Levi Strauss & Co.）如出一辙。

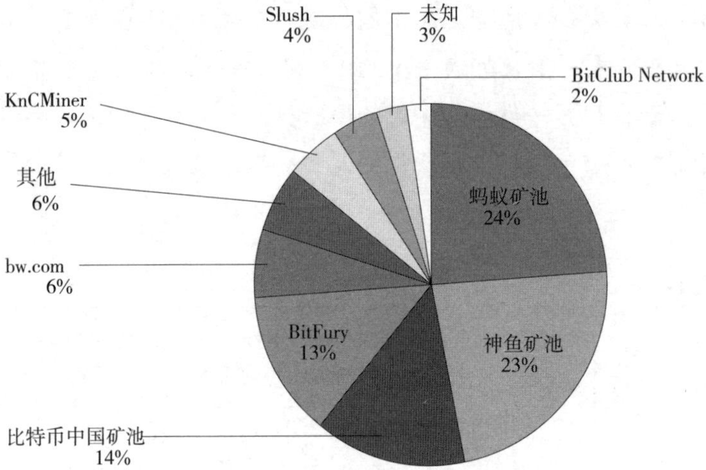

图 1-12　世界范围内的挖矿情况（截至 2015 年 12 月）

注：根据 Bitcoinity.org 收集的公开数据制作而成

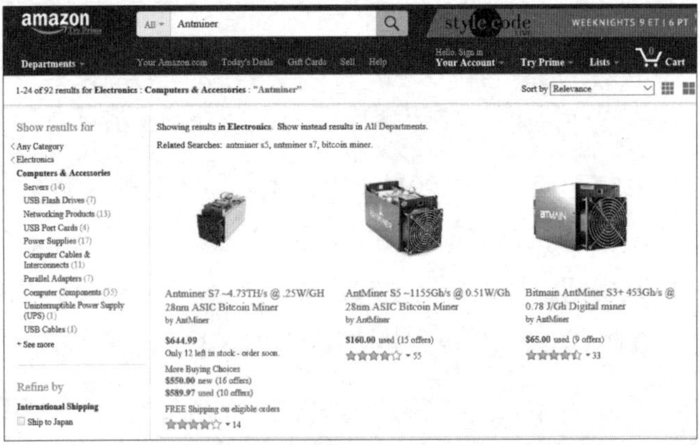

图 1-13　运营蚂蚁矿池的蚂蚁矿机（AntMiner）制造的 ASIC 矿机

图片来源：亚马逊网站

交易所

其他国家的交易所与日本的差别不大。与我所在公司有过合作的币行网（OKCoin）、火币网（Huobi Pro）和比特币中国[①]这三大交易平台的交易规模较大[②]。

另一方面，如图 1-14 所示，大概从 2015 年 9 月开始，世界范围内的比特币交易整体成交额出现了激增。

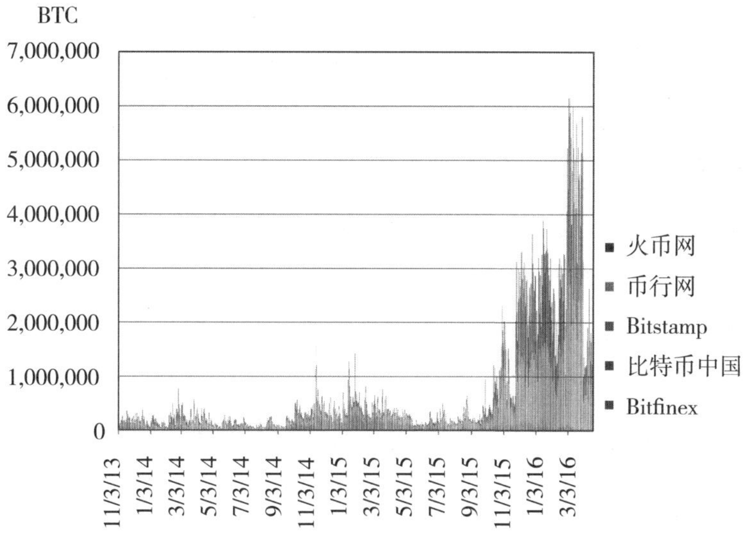

图 1-14　全球比特币交易成交额的变化
（2013 年 11 月 3 日—2016 年 4 月 19 日）

注：根据各交易所公开的数据制作而成

钱包

其他国家的比特币钱包与日本的几乎一样，这里只介绍其中几种具有代表性的钱包服务，具体如表 1-10 所示。

① 比特币中国已于 2018 年 1 月被收购。——译者注

② 截至 2016 年 4 月。

表 1-10　　全球主要的比特币钱包服务

服务名	特征
blockchain.info	世界上最有名的在线钱包，使用人数最多
Coinbase	除了钱包服务，还提供结算、交易所等业务
Circle	获得美国数字货币许可证（BitLicenses）的公司，允许信用卡购买比特币
BitGo	提供重视安全性的密钥钱包

结算

其他国家的比特币结算模式也与日本的模式基本一致。一方面，全球比特币结算的特征是，可以使用比特币进行结算的网络商家一般涉及多个领域，而且这些商家都比较出名，具体如表 1-11 所示。

表 1-11　　实现比特币结算的网络商家

微软公司	软件的开发和销售
亿客行公司	旅行预约
戴尔公司	个人计算机的制造和销售
Overstock 公司	综合性电商
Braintree 公司	代理信用卡支付

另一方面，在欧洲、北美等地区，还有多家以餐饮店为主营业务的线下商家都可以使用比特币进行结算。截至 2016 年 4 月，全球实现比特币结算的线下商家已达到 7700 家。

具有代表性的比特币支付服务商有美国的 BitPay 公司和美国的 Coinbase 公司。但是，接受比特币支付的商家数量却停滞不前

（如图 1–15 所示），所以结算金额出现了减少的趋势，这就迫使大公司不得不进行商业模式变革和企业结构调整。

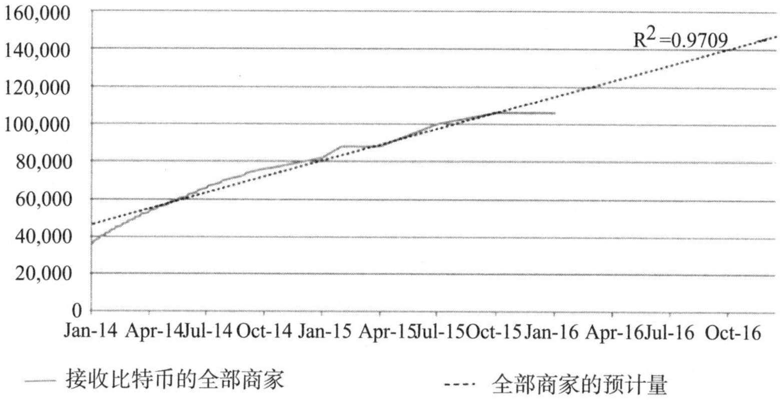

图 1–15　全球接受比特币支付的商家的数量变化

来源：Coin Desk、State of Bitcoin 2016

从全球范围看，比特币结算的发展势头良好，但实际情况并没有表面上那么乐观。要想将这一商业模式融入普通人的生活，还需要进一步促进技术进步，增强人们对新兴技术的认识。

汇款

汇款虽然在世界比特币生态系统中备受关注，但是因在法律方面存在质疑，它并没有真正地发展起来。其中也不乏发展比较健全的经营者，比如菲律宾的一些初创企业，具体如表 1–12 所示。在国外工作的菲律宾人口的数量已经达到了 800 万人，而且世界银行的报告显示，汇入菲律宾的境外汇款的金额已超过了 25 000 亿日元。另外，菲律宾的无银行账户人口数量已经达到了其国内人口总数的 70%，这更有利于人们选择新型的汇款方式。

表 1-12　　菲律宾的比特币汇款经营者

rebit · ph	与日本比特币交易所 BTCBOX 合作，构建起日本—菲律宾的汇款框架
coins · ph	在菲律宾国内实现直接交割

未来，在使用比特币汇款时，一方面，这种业务与以西联汇款（Western Union）为首的既有境外汇款经营者之间的竞争将进一步加剧；另一方面，手续费低廉的境外汇款业务也会备受期待。

ATM

全球比特币 ATM 的发展情况与日本的情况相似。如果想使用这项服务，可以寻找一下当地的比特币 ATM。

媒体

比特币媒体的商业模式在全球范围内没有太大差异。目前，CoinDesk 是全球最知名的比特币媒体之一，它拥有由世界各国记者和作家等组成的网络，信息量丰富。虽然只有英文版，但是如果想了解比特币和虚拟货币等的发展趋势，它的内容还是很值得阅读的。

除了网络媒体，仍然有像《比特币杂志》（*Bitcoin Magazine*）这样的纸媒在运营。

其他

这一部分将介绍借记卡（能够使用账户进行即时支付的银行卡）商业模式，如图 1-16 所示。而日本并没有这种卡。

图 1-16　Xapo 公司推出的比特币借记卡

与普通借记卡一样，这一模式可以使用比特币兑换现金，从而实现在全球范围内所有支持使用 VISA 或者 Master 卡支付的店铺和 ATM 上使用比特币。从用户角度看，只要支付时使用的是比特币，交易就可以与使用信用卡一样得到处理，非常便利。支付时使用的比特币会按照结算时的汇率兑换成法定货币，结算完成就进入普通借记卡的流程。这种模式与普通结算一样，经营者会从用户兑换比特币与法定货币的过程中收取手续费作为自己的收益。目前，提供此类服务的公司有 Xapo、Wagecan 和 ANX。

比特币究竟是什么

目前，人们对此问题有各种讨论。比特币在不可逆转的数字化潮流中为所有人提供了重新思考支付方式的机会。我认为，比特币不是一种货币，而是具备了货币功能、可以在全世界通用的一种新的价值交换方式，是货币网络化的一种产物。未来，比特币在持续发展的过程中一定会出现令人意想不到的变化。

我衷心希望，我们反复地摸索和尝试必将让我们的社会更美好，必将帮助人类向前更进一步。

第 2 章

比特币未来的发展及相关问题

- 比特币与个人、社会和国家的关系
- 比特币的最新技术

比特币与个人、社会和国家的关系

大石哲之
比特币和区块链研究所研究员

比特币不只是一种可以在互联网上使用的便捷的支付方式，我们预计它将给个人、社会和国家带来更大的冲击。

未来，社会的管理模式将有可能从中央集权型管理向分布式管理慢慢转变。本节内容将围绕这种可能性与比特币之间的关系展开。人们常常不明白，为什么比特币会超越互联网货币这一概念而引起全世界的关注？希望我的分析能够帮助你找到答案。

以契约为中心、以人管理人的组织

比特币的结构可以被称为去中心化自治组织（Distributed Autonomous Organization，DAO），即“不存在中央管理者，能够实现分布式、自动化、自治型管理的组织”，是一种全新的组织形态。我将通过与传统的组织形式进行比较来介绍这种组织。

以人来管理人的组织

让我们来回想一下传统的组织形态。无论是株式会社、非营利组织（non-profitorganization，NPO），还是其他项目，我们将运营一个组织称为管理。对于一个组织而言，管理者是必不可少的部分。管理者的工作涉及多领域、多方面，但很大一部分是管理员工、为员工分配工作、评价员工的业绩以及招聘和录用员工。如图 2-1 所示，管理者位于组织的核心位置，他们向员工发出工作指示；他们周围是员工。目前大多数组织都采用了这样的组织形态。那么，是否还存在其他的组织形态呢？

图 2-1 大多数组织的组织形态

计算机自动化

提到其他组织形态，你首先想到的可能就是由计算机或者其他机器运行的自动化组织了。

机械自动化一方面提高了人们的劳动效率，但另一方面也剥夺了人们工作的机会。在产业革命中，被机械自动化夺去工作机会的人们曾经开展了捣毁机器和设备的运动。如今，由于计算机自动化的普及，很多人也失去了工作机会，这甚至影响了部分脑力劳动者的工作，比如税务申报、汽车驾驶等都将有可能由计算机完成。如果这种自动化继续发展，那么组织形态将会有何变化呢？很多工作都将被取代，留给人们的只剩下管理以及其他一部分工作。

比如，现代化的工厂不再需要生产线工人，生产将由机械代劳；员工的作用不再是组装，而是变成了制订生产计划、机械维修以及优化生产力等脑力工作。

图 2-2 展示的就是自动化组织形式。管理者位于组织的核心位置，他们的周围是机械和自动化运作的业务。现代化的工厂采用的大概就是这种组织形态。

图 2-2　机械生产的自动化

分布式自治组织

目前，大部分一般性组织和自动化组织的管理者都居于组织的核心位置。那么，管理者有没有被替换的可能呢？可不可以用自动化管理来取代人呢？分布式自治组织的组织形态与传统组织的组织形态完全不同：人的核心位置被机械化、自动化的东西占据，人在周围。

如图 2-3 所示，分布式自治组织的中心不是人，而是规则、协议和契约。比特币网络中不存在管理者，取而代之的是为了保证比特币运行所制定的一系列规则（协议），而这一系列规则中又包括了比特币的运行规则，具体有汇款及确认方法、根据报酬分配比特币、挖矿的难度和调整方式、比特币的报酬数量以及未来比特币的上限数量等方面的规则。

图 2-3 比特币的分布式自治组织

一系列的规则 / 协议 / 契约位于组织的核心位置，周围是用户和矿工。用户和矿工不能违反规则擅自行动，也不能做出不被接受的行为。比如，如果用户想要进行双重支付（双花问题），那么支付请求就会被拒绝；通过不正当的挖矿行为所获得的区块就算进入网络也很快会被拒绝。

在比特币网络中，位于核心位置的“管理者”并不会执行管理职能，用户和矿工需要相互监视对方是否正确运用规则、是否做了违反规则的事情。这种组织形态就被称为“分布式自治组织”。在分布式自治组织中，规则、协议和契约位于组织的核心位置，而人在周围。

关于上述分布式自治组织的组织形态，图 2-4 分别展示了核心位置与周围的关系，并对组织形态进行了分类。分布式自治组织可以分成以下 4 种。

其中 3 种的组织形态以下：

- 居于核心位置和周围的都是人，即传统组织；
- 居于核心位置的是人，周围是自动化产品或者自动化工厂；

- 居于核心位置的中心是自动化产品（或者协议）、周围是人的分布式自治组织。

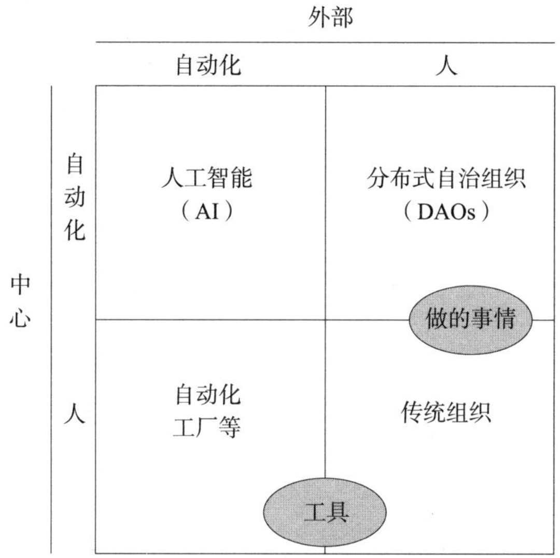

图 2-4　组织形态的矩形分布

来源：Ethereum Blog

还有一种组织形态，居于核心位置的是自动化产品（协议、契约），周围是机械。这种组织形态被称为进化的分布式自治组织。这是基于计算机的完全自动化组织，就像人工智能这样的进化型组织。

比特币是世界上最早上市的分布式自治组织

日本经济学家野口悠纪雄在其出版的《虚拟货币革命》（*Virtual Currency Revolution*）一书中指出，比特币是世界上最早的分布式自治组织。让我们试着将比特币比作一家公司。在这个组织中，比特币分布式自治组织就是一个从事发行网络流通虚拟货币、管理账本、确认汇款和确保安全性等一系列业务的汇款服务公司。接下来，我将介绍比特币分布式自治组织内各部分的功能。

比特币分布式自治组织中既没有首席执行官，也没有管理员工、向员工发出指令以及监督和评价员工的管理者，只有规定员工该如何工作的规则。这个规则被称为协议，员工只能参照该规则来做好自己的工作。

矿工相当于组织中的员工。矿工需要做好基于规则对比特币网络上的汇款进行确认等重要工作。矿工虽然是员工，但不必听从别人的指令，只需要以比特币报酬为目标，做好自己的工作就可以了。

只要被认定是按照规则挖矿的就可以发行比特币，这些比特币相当于矿工的报酬（薪水）。由矿工维护的网络也可以被一般用户使用。我们可以将用户视为比特币分布式自治组织的客户。客户需要汇款服务，而矿工的作用就是确认客户的汇款。

比特币分布式自治组织中各相关者的作用和定位

以下是比特币分布式组织中各相关的作用和定位：

- 首席执行官或者管理者：不存在（协议充当此角色）；
- 员工：确认交易、维护网络的矿工；
- 员工的报酬：新发行的比特币；
- 客户：使用比特币进行汇款的用户；
- 股东：比特币的持有者；
- 股票：比特币；
- 股票上市：全球各家交易所都开放了可以进行比特币与法定货

币兑换的市场；

• 资产收益：比特币价格的上涨。

这样的比喻是不是有助于你的理解？也就是说，比特币是世界上最早，同时也是最大的提供自动化汇款服务的公司，它雇用了全世界的矿工（矿工是自愿受雇的），为他们支付比特币报酬。这家“公司”实现了自动化，具有分布式结构，没有发出指令的首席执行官，而且从 2009 年成立以来，无论受到了外界的多少攻击，它都依然为人们提供着汇款服务。

而且，这家发挥出分布式自治组织价值的“公司”已经完成了上市，能够在全球所有的交易所中进行全天交易。从某种意义上说，比特币分布式自治组织已经完全“上市”了。

随着比特币网络的扩大和使用人数的增加，相当于股票的比特币的长期价值也在增加，所以持有比特币的人能够获得比特币增值带来的利益。

如果将比特币比作一家公司，我们不难发现，比特币是世界上最早实现自动化运营的公司或者世界上最早上市的自动化运营的公司。这种分布式自治组织的组织形态是全新的。比特币是利用分布式自治组织来提供汇款服务的，未来也可能出现以提供其他服务为目的的分布式自治组织。

比如被称为“世界计算机”的以太坊，是提供无法篡改的交易记录并验证可能的计算和应用基础的分布式自治组织（具体内容将在第 5 章介绍）。以太坊的平台之上有各种正在运行的分布式自治组织。例如，Augur 被称为分布式市场预测平台，用户可以使用数字货币下注来预测事情的结果，而且 Augur 没有坐庄的人，整个平台类似于分布式自治组织；而由德国 Slock.it 公司设计的以太坊计算机也没有中央管理者，却可以帮助用户出租物品，用户可以通过区块链支付。

让我们设想一下可以采用分布式自治组织的行业吧，比如交易所、保险公司、借贷中介、投票机构和资源共享机构等。如果能够与智能合约技术相结合，那么就能够诞生更多类型的分布式自治组织。

分布式自治组织提供事前的合规性管理

应用分布式自治组织这种结构的最大优点是可以事先设定好规则（即应当遵守的规定），并写入协议。比如，比特币最重要的规则之一就是它的发行数量从一开始就已经被设定：发行数量的上限是 2100 万枚。由于比特币网络中没有首席执行官，所以这一规则不会受到人为因素的影响而发生改变。如果想要改变这一规则，就必须要与比特币网络中的所有矿工达成共识。这样就需要事先将无法随意更改的重要规则写入协议，从而实现合规化。例如，比特币需要多重签名的交易（完成交易必须要有多个签名），即使是现在，人们也有可能设计出这样的交易：

> A 账户里的 10BTC 只有在获得 A 和 B 双方同意的情况下才可以使用。但 2020 年 4 月之后，只有 A 一个人同意也可以使用。

以上情况可以被视为一种信托。假设这 10BTC 是为 A 积攒的学费，到指定日期之后，A 就可以独立使用，但在这之前，使用必须经过其监护人（也就是 B）的同意。在这个智能合约中，使用条件和日期等信息都能够作为规则被事先写入交易。

在这笔交易中，如果没有A和B双方的签名，就没有人能够动用这笔资金。如果想要在没有双方签名的条件下完成这笔交易，就必须破坏整个比特币网络。因此可以说，这个合约的规则是非常严格的，而且是强制执行的。重要的是，当事者需要对合约达成共识才能够完成交易，合约与写入交易的规则实现了不可分割的一体化。如果是传统的资金交易，就需要将这些约定好的条款写入合约，通过信托公司或者银行等来担保交易，而且需要双方建立信任关系。即便如此，也无法完全防止卷钱外逃、资金被随意挥霍等有悖于合约的行为发生。这时就需要来自外部的强制力，比如罚金、刑事处罚等。

而在使用比特币来完成交易的情况下，不需要信托公司、银行、警察和法院等外部强制力，只要当事者形成已经达成共识并且切实可行的合约即可。

智能合约与执行力

如果这样的合约成为可能，那么我们就必须相应地转变对治理规则和管理方法的思维方式。目前，交易的进行基本上是出于对他人的信任。另一方面，不好的事情发生得多了，人们自然就会想到惩罚，这就要求必须有强制执行惩罚措施的第三方，比如法院或者警察。

以2014年发生的Mt.Gox事件为例。在这起事件中，该公司的经营者最终被判定为非法侵吞客户资产。也就是说，组织在防范经营者做出不正当行为方面存在局限性，因此不得不采取惩罚等方法。

为了建立安全的交易平台，组织必须通过将资金限定在一定数额、将资产分类、聘请第三方监督机构、向相关机构汇报交易情况、增加其他管理措施、由相关机构监督交易以及增加必要的惩罚措施等方法来确保管理工作的顺利进行。

但是，分布式组织可能不需要这些管理方法。如前所述，在比特币交易中，交易所必需的签名数和日期等条件能够事先编入交易。只要不破坏比特币网络，合约就不会被违反，就不会出现不正当行为。而且，在合约的履行方面，只要具备必要条件，比特币网络就会自动认可，一旦合约被认可，无论是谁都不可能将其推翻。那么，外部强制力也就显得不必要了。

也就是说，达成那些在本质上就不存在非法性的交易可能不需要外部的规则和惩罚，而且，由于交易本身就具有执行力，所以不需要依靠外部的执行机构就能够执行交易。如果想普及这种合约，就有必要重新理解和认识规则和管理等概念。

没有信任的社会会发生什么

比特币的世界里不存在警察和法院等强制执行机关。所有规则都是事先制定好的，比特币汇款和交易的确认都是基于这些规则自动执行的，即使拥有中央管理者的权限也不可能撤销交易。

在比特币网络中，当值得信任的人逐渐消失或者假冒、虚假的信息广泛流传时，该网络的架构能够检测并排除虚假信息，只保留真实且正确的信息。就算所有参与者都说了谎，这个网络也依然可以运行。

这就是零信任系统（Zero Trust System）。该系统在运行时，不以信任为前提，就算有人有不正当操作行为，该系统也能够正常运行。

目前，很多交易都是以相互信任为前提进行的，客户在存钱、汇款和签约时会信赖银行和中介机构，或者依靠强制力执行合约。但是在全球化时代，我们经常要与那些从未打过交道的全球各地的商人进行交易。在这样的跨境交易中，如果没有验证对方信用的方法，那么就可能无法保证交易的顺利执行。

例如，我们要与一个从未谋面的外国人在网上进行交易，但是我们对对方的具体情况（如信用、他人对其的评价等）一概不知，付款后也无法保证商品顺利送达，如果我们被骗的话，就算想要追回资金，也会因为对方身处他国、不适用日本法律而无法实现。在这样的交易中，需要完全信任对方或者设置很多信任前提（如设立中介人、培养信任感等）并且诚实地履行合约才能够使交易顺利完成。在很多场合下，我们需要被迫去信任那些并不值得信任的人，并可能会因此蒙受损失。而数字货币、智能合约技术以及分布式自治组织或许能够为我们省去信用前提。

这样，社会本身就更将呈现出分布式的特征。也就是说，依靠中央集权、第三方强制力的管制和惩罚来维持运行的系统正在变革为基于分布式规则和事前合规化运营，且不需要信任前提就能够完成交易的系统，即：

- 中央集权→分布、自治；
- 必须有信任前提→不需要信任前提；
- 依靠管制、监督和惩罚运行→系统中不可能发生不正当行为；
- 第三方的强制执行→网络的自动化执行。

社会可能会朝着这个方向进化。首先在数字货币世界中，我们可以想象出货币的形式可能会向分布式发展，同时很长时间之后，社会的各种场景也会采用数字货币和分布式自治组织的技术，从而可能使整个社会都形成分布式结构，也就是说，不依靠中央权力、管理者和执行机关，社会或许就可以被治理得井井有条。特别是在全球化交易中，比起过去以人为治理和规则为基础的交易，使用技术和数字化来进行担保和强制执行（自动执行）的交易更值得人们信任。

中央集权可能会导致很多致命性失败，比如权力过度集中，而且权力可能会被用来行使不正当行为。我们只能信任这些权力，并且期待这些权力能够坚持善行。而数字货币、智能合约以及分布式自治组织等技术一定会给我们带来构建崭新系统的可能性。

比特币的存在意义

比特币能够为人所知就是因其被称为世界上最早的“互联网货币”或者在互联网上进行的交换所形成的价值。其彻底的互联网性和去中心化特性意味着比特币不存在特定的管理者和特定的权力支配，它由所有人共同维护。让我们来思考一下比特币的意义及其带来的冲击。

关于比特币的冲击，网景公司创始人马克·安德森在其题为《为什么比特币如此重要》（*Why Bitcoin Matters*）的一篇博客文章中提出的观点切中要害。正如大家所了解的那样，互联网为我们提供了获得信息、共享信息的便捷手段，在很大程度上改变了我们的生活。关于比特币的重要性，马克·安德森曾说：

> 比特币是计算机科学领域中的一项重大突破。它第一次实现了

互联网用户转移数字资产的可能性。于是，我们的交易变得安全和透明，所有人都能够知道交易的发生，谁都无须质疑交易的有效性。无论怎么褒奖这种技术突破的重要性都不为过。

通过互联网，我们几乎能够以零成本即时共享全球的信息。不再需要依靠报纸、电视等媒介，世界上任何一个人都能够将信息发送给另一个人。正如我们已经了解的那样，互联网上信息交换的直接性以及点对点分布式的冲击无须过多说明。

但是，货币和价值领域是否有类似的进展呢？

在信息爆炸的世界里，货币却依旧被限制在一国的国境内。每个国家都发行各自的货币，又在各自封闭的银行体系中管理货币，无法实现相互连接。特别是当你想要跨越国境使用货币时，由于要经过不同银行不同的计算机系统，时间和成本都会有所消耗，这看起来就像互联网中陈旧的信息系统。

如果价值的转移和交换仍在旧系统中进行，那么成本仍会很高，进程仍会缓慢，无法显示出互联网的特性。就像互联网带给信息传递的冲击一样，比特币也有可能给价值转移带来革命性的冲击。如果将比特币比作互联网的价值，可能理解起来就会更容易。那么，比特币技术究竟会带来哪些的冲击呢？马克·安德森列举了受该技术冲击的四个领域：

- 境外汇款；
- 无银行账户人群；
- 公益支付（捐赠）；
- 小额支付。

我们期待比特币技术也会在其他领域得到应用。接下来，我将具体介绍比特币对这四个领域的冲击。

比特币技术带来的冲击

境外汇款

比特币技术最初只被应用于境外汇款，以实现快速、准确和低成本的汇款，比如跨境汇款。例如，印度人在世界各地工作，他们需要定期为生活在印度的家人汇一定的生活费，一年总的汇款费用将超过 8 兆日元。在这个过程中存在一个很大的问题，那就是汇款金额很小（一个月大约 1 万日元），而无论金额多少，如果使用银行体系的话，1 万日元就要被收取 15% ~ 20% 的手续费。

银行体系的各自为政导致汇款人必须承担高额的手续费，而境外汇款经常需要经过好几家银行，累计的手续费更高。

区块链技术能够实现每天 24 小时、以低廉的手续费将“价值”即时送至世界的任何地方，所以境外汇款可以被认为是互联网实现价值转移的场景之一。

无银行账户人群

无银行账户人群指的是那些没有开立银行账户的人。麦肯锡公司的数据显示，全球有超过 24 亿人没有开立银行账户，这些人基本不使用现代银行体系提供的金融服务。由于无法与银行体系连接，他们需要面对生活中的各种不便。

与其说这些人大多收入低，不如说这些人无法承担高额且苛刻的手续费，从而在价值的存储和转移方面受到很大程度的限制。还有一些地区根本没有银行网点或者基础的金融机构。

从国际竞争力的角度看，世界上原本就存在弱势货币。当我们提及恶性通货膨胀时，通常都会想起津巴布韦。津巴布韦发行了面值 100 万亿元的津币，造成了极其严重的事态。除此之外，还有经常发生债务违约的阿根廷等。像这样国内货币形势不稳定的国家并不在少数。

总之，生活在这些国家的人们的选择是有限的。在银行无法信任、常常发生通货膨胀的情况下，货币发挥其价值贮藏和交换手段的机会就十分有限。如果这些人使用了比特币技术，或许他们就可以自由地储蓄和汇款，并且与外面的世界紧紧相连。

公益支付（捐赠）

2015 年尼泊尔发生大地震之后，我们利用网络能够与地震灾区进行即时的信息交流，及时了解当地的情况，而且这个过程几乎是零成本的。而在价值转移方面，我们依然需要花费大量的时间和大笔的手续费。如果要给灾区的人汇款，就需要通过慈善团体，慈善团体再将这笔款项汇给他们，这样一来就会经过很多流程、很多中间组织，不仅花费很多时间，而且很大一部分款项可能会用作汇款和运营成本而被花费。

如图 2–5 所示，地震灾区的人们在临时搭建的帐篷中高举着印有比特币地址信息的牌子，只要扫描上面的二维码就可以给他发送比特币。也就是说，他能够直接接收比特币，不需要经由媒介就可以拿到来自世界各地的比特币。这种直接性和即时性充分地发挥了互联网的特性。

比特国（Bitnation）这一非营利性组织已经开始为叙利亚难民发放比特币 VISA 借记卡。没有固定住所和身份证的难民当然无法开立银行账户。被银行体系排斥在外的难民如果无法储存手中的现金，那么肯定也无法从别人那里接收现金。

图 2-5　用比特币筹集资金的尼泊尔人

来源：imgur.com

解决这个问题的办法就是将比特币与 VISA 借记卡结合起来。比特币 VISA 借记卡上附有特定的比特币地址信息，能够接收资金并进行汇款。无论身在何处，只要知道这个地址的人都可以向这个地址汇款。比特币会自动换算成欧元，并进行记账。难民既可以在支持VISA借记卡的店铺消费，也可以从ATM中取出现金。

小额支付

在互联网上，消费者同时也是发布信息的人。很多非常实用的信息都来自全世界的互联网用户。虽然很多意见领袖会通过博客、微博等发布一些有用的内容，但这只是实现信息货币化的手段而已。发布广告是最直接的方式，而通过创新性活动来产生直接经济利益的手段极为有限。使用目前的银行体系的成本过高。

看一部动画片 1 日元、试听一首歌曲 2 日元这样的小额支付是无法实现的。如果能够通过小额支付的方式从全世界用户手中拿到钱的话，那么很多富有创新意识的人也许就能够以此为生。

了解比特币技术的人可能会认为它不适用于小额支付，还有人认为如果全世界的人都使用小额支付的话，网络容量就会不足，甚至会发生超出极限而使网络失灵的状况。

现在，已经有人提议并正式采用了实现比特币小额支付的通信协议（如隔离见证[①]和 OP_CSV），我们也能够看到小额支付技术正在不断发展和完善。如果这些技术得以应用的话，那么我们不仅能够在互联网上自由地进行支付，还能够构建出用于价值接收和发送的网络。物联网中的机器到机器的支付也会慢慢进入我们的视野。

比特币技术还能够为我们带来很多创新和可能性。虽然这些可能性的实用性还未达到彻底解决世界级问题的水平，但我们还是能够看到多种技术的进展以及比特币网络和通信协议的日益进步。而那些想要解决世界级问题的创业者也在努力尝试应用比特币技术为所有人提供真正有用的服务。在互联网和比特币技术的世界中，技术人员和创业者发挥着非常重要的作用。

① 隔离见证（segregated witness，segwit）是由比特币核心钱包开发者皮特•维利（Pieter Wuille）提出的比特币扩展性方案。——译者注

比特币的最新技术

乔纳森·安德伍德（Jonathan Underwood）
Bitbank 株式会社技术顾问

本文将介绍应用于比特币钱包的最新技术。近几年，比特币钱包的应用越来越广泛，对个人持有比特币的管理也逐渐简单化，这是因为随着比特币的发展，越来越多的改善性建议被提出和实施。面对管理比特币这一艰巨任务，各种改善性方案是如何提高其实用性的呢？面对软件和比特币网络中产生的各种问题，我们有何解决方法呢？接下来我将回答以上问题。

BIP32 和 BIP39 发动的钱包革命

2015 年比特币钱包软件中最热的技术非 BIP32 和 BIP39 莫属。BIP 是比特币改进提议（Bitcoin Improvement Proposal）的简称，是一种为了交流意见、互换信息而制作并公开的文档。通过组合 BIP32 和 BIP39 并应用于钱包，比特币用户的体验将会发生很大的变化（如图 2–6 所示）。比特币原本是由 256 位的 0 和 1 组成，一般人很难记住，而且也不容易管理钱包。如果想将其调整为更易管理的形式，那么就可以将其转化为由简单的单词排列而成的形式。

BIP39 的优点在于容易实现语句备份。在以前的比特币钱包中，需要对钱包数据进行备份或者将数据保存至存储器中。通过应用 BIP39，数据被变成在人们可读范围内的由 12 词以上简单单词的排列，从而使备份变得非常容易。现在比较普遍的是 12 词或者 24 词，但即便是 12 词以上且是 3 的倍数（如 99 词）的单词排列，也被视为遵循了 BIP 标准。

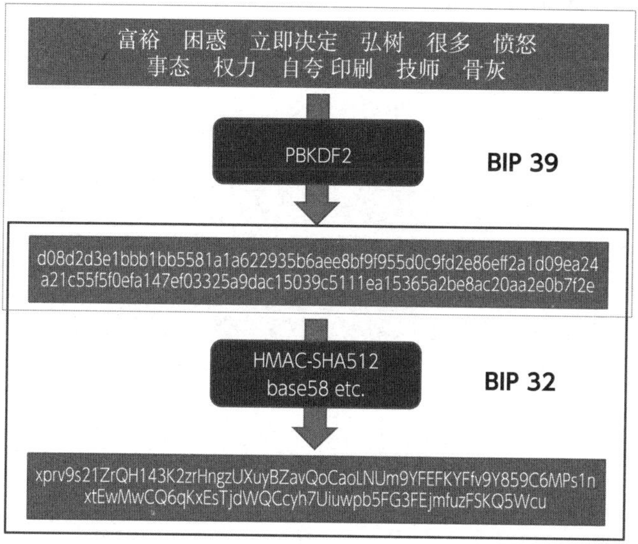

图 2-6 应用 BIP32 和 BIP39 将语句变成密钥的过程

如图 2-7 所示，BIP39 首先是从随机数开始的。这是一个每 32bit 随机数就能产生 3 个单词的构造，因此按照 BIP39 的规则来看，必须要从 32bit 的倍数中获得随机数。然后，将获得的随机数的二进制数值放在 SHA256（哈希函数）中从而获得哈希值，就可以从该哈希值中获取 bit（需要将最初随机数的 bit 除以 32）。将这个 bit 置于随机数的末尾，那么整行比特数将会变成 33 的倍数，如果再按 11 个一组来分组，那么就可以在 0 ~ 2047 的范围内获得十进制的数字。使用这些数值，就可以从 BIP39 基准的单词集（也被称为预定义字典，有日语版、英语版等版本）中导出相对应的单词（这些单词被称为助记词），从而生成用来复原钱包数据的语句。

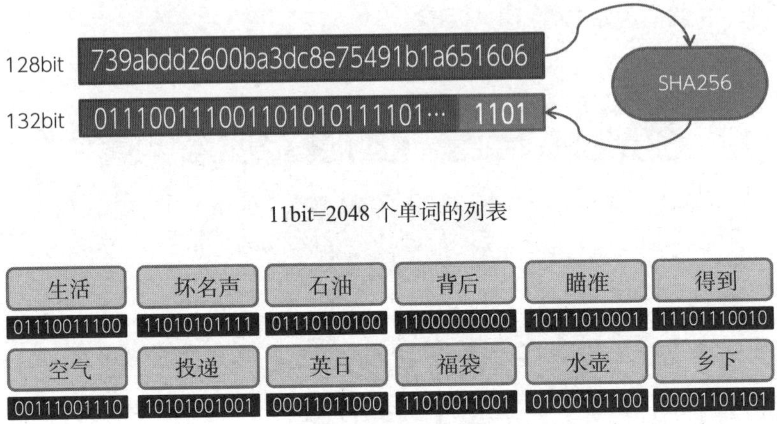

图 2-7　将 16 位数据向更长的密码转换的机制

BIP32 是从一个“种子”密钥派生出成千上万的子密钥的应用方案（如图 2–8 所示）。一般情况下，我们会从 BIP39 生成的语句中制作出“种子”，然后从该“种子”中生成母密钥。从母密钥派生出子密钥的一代被称为“层”，每一“层”都确保有 4 字节（32bit）的数据领域。这其中的 31bit 用于子密钥的索引，剩下的 1bit 则用于判断是否是硬化密钥的变量。硬化密钥与非硬化密钥的区别在于在子密钥的派生中是否需要母层的密钥。也就是说，我们也能够独立于密钥进行公钥的派生。

尽管通过这样的操作能够提高钱包的便利性，但与此同时也存在着一定的弱点。只要获知母层公钥和子密钥其中的一个密钥，就能够反向计算出母层的密钥。考虑到这个弱点，现在应用很多 HD 钱包时，在很多场合都去掉了“密钥输出”这一功能，因为我们能够很容易地通过 BIP39 获得备份。

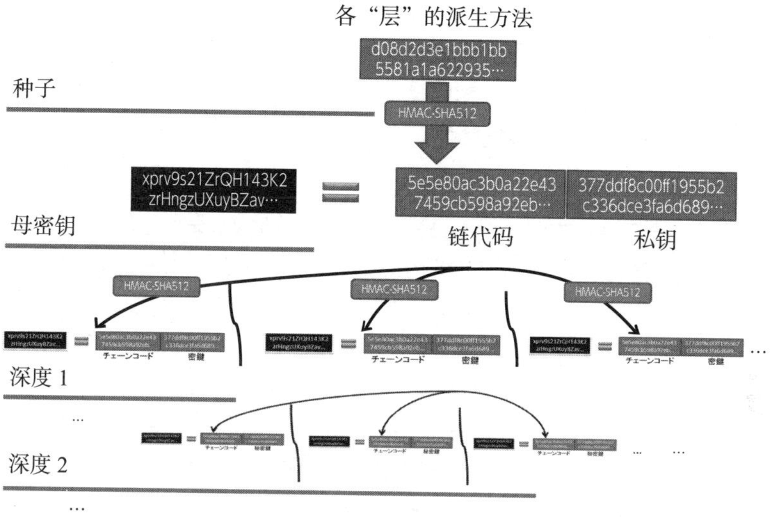

图 2-8　HD 钱包的大致构造图

实现比特币支付安全化的 BIP70

如图 2-9 所示，BIP70（付款请求协议）是基于 SSL/TLS 通信，用来与钱包交涉比特币发送目的地等信息的构造。防止中间人攻击（Man-in-the-Middle Attack）也是开发 BIP70 的动力之一。图 2-10 展现了在 BitPay 或者 Coinbase 等支付代理经营行业中，在 BIP70 的想法被提出和导入之前，由攻击者造成的地址置换等中间人攻击情况多有发生。比如，在表示山寨币（alternative coin，除比特币之外的虚拟货币）的价格的浏览器的扩展功能中，或许存在着自动更改比特币地址的病毒。

接下来，我将介绍一下 BIP70 的主要流程。首先，店铺的服务器会向钱包发送付款请求的信息，然后钱包会回复该支付信息，服务器会进一步回复有关支付确认（Payment ACK）的信息。通过确认信息中SSL证书的数据，店铺就能够确认这是该域的所有者。

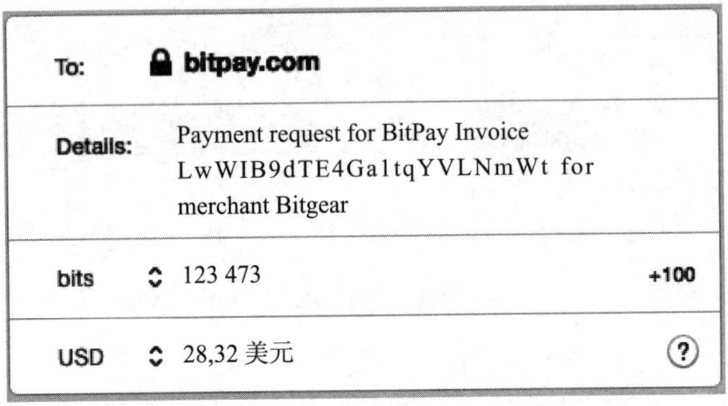

图 2-9　附有 SSL 证书的比特币支付画面的截图

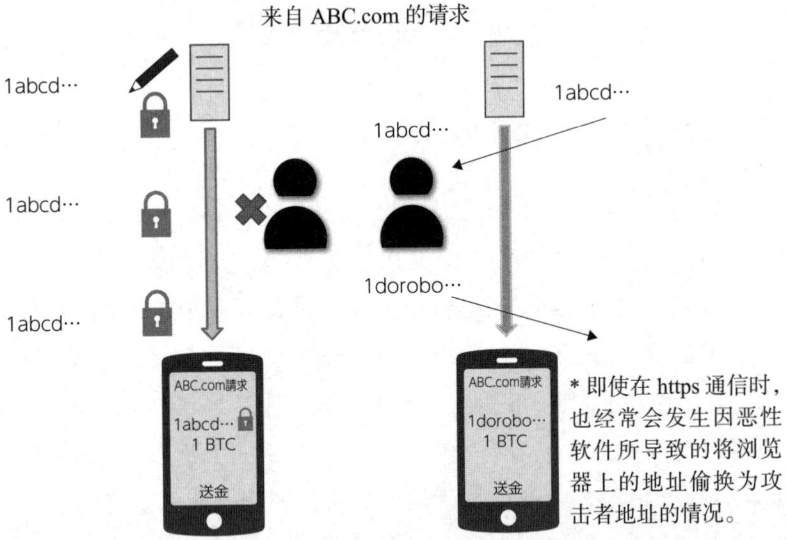

图 2-10　中间人攻击流程和 BIP70 流程的比较

在这种方法刚被提出时，有人提出了“由于这项应用只适用于那些有资金购买 SSL 证书的企业，因此无法在点对点层面上使用”的批评。虽然这是不可否认的事实，但是我认为，随着协议的进一步开发，比如 Let's Encrypt（一个公有的免费 SSL 项目）的公开测试，BIP70 未来也一定能够应用于点对点领域。

BIP63（隐身地址）

BIP63 作为隐身地址原本是面向暗钱包（Dark Wallet）等具有争议性的钱包开发和应用的。虽然我也会介绍隐身地址的构造、样本代码的开发以及人们的争论等，但是需要注意的是，在现阶段，隐身地址的开发已经中断，其草案还未被大众接受。

隐身地址的构造在于，在区块链上，它是一种基于椭圆曲线密码学的 Diffie-Hellman① 密钥交换。如图 2-11 所示，隐身地址中包含了两个公钥，其中一个是用于交换的密钥，另一个用于发送比特币。发送者把发送目的地的共享公钥与自己生成的私钥相乘，再将相乘所得的那个“点”放入哈希函数中，这样就可以将产生的数值作为私钥进而导出公钥。由此形成的公钥与用于发送的公钥互相补充而形成的那个“点”，就可以作为地址来促成交易。

将最初形成的随机数的公钥插入交易数据的 OP-RETURN（可以输入任意数据的场所）中。如果接收者想要将其发送至其他地方，就必须要确认区块链的交易和发送隐身地址时所有的 OP_RETURN。之后就可以再次进行 DH 密钥的共享，或者使用自己用于发送的私钥来计算比特币地址的私钥。

① Diffie-Hellman 算法是一种确保共享密钥安全能够穿越不安全网络的方法，由怀特·迪菲（Whitefield Diffie）和马丁·赫尔曼（Martin Hellman）于 1976 年提出。

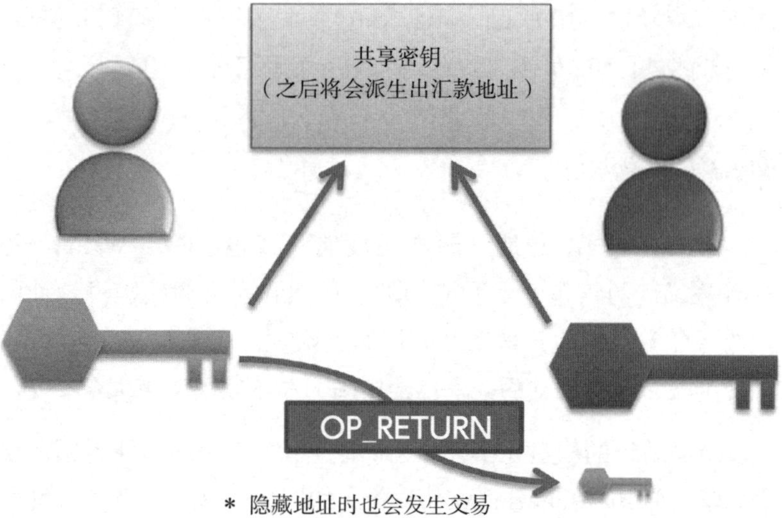

图 2-11　BIP63：隐身地址的概念图

隐身地址开发的中断的最大一个原因就是这项技术无法应对规模扩大这一变化。暗钱包发布时，用户较少，并没有引起什么问题，但是随着使用人数的增加，从应用开启到实现同步的时间变得非常漫长。与此同时，数据通信也由于各种原因在支持简单支付验证（Simplified Payment Verification，SPV）[①]的手机终端产生了局限性。即使限定用户为全节点（即下载使用全部区块链数据）的用户，那么在确认区块链上的数据后也能够很容易地判断出这是使用了隐身地址的用户。而用户由于留下了一定的行踪，很容易进入黑名单，因此隐身地址的开发就此中断了。

① 无须下载区块链上所有的数据就能够验证交易。

BIP47（支付码）

BIP47（支付码）的构造与隐身地址有相似的特征，而它与隐身地址最大的不同之处在于，对于那些未来想要频繁联系的对象，需要提前将“通知交易（notification transaction）”发送至“接收通知的地址（notification address）”上。如图 2–12 所示，只需要这一步就能同时解决隐身地址“必须要找出区块链上所有交易”以及从节点上“就能明确辨识出存在特殊交易”的问题。

爱丽丝发送了支付码到鲍勃的通知地址上

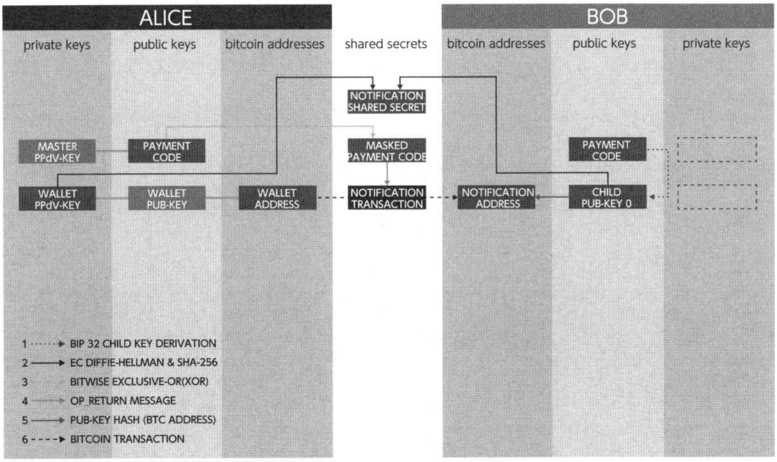

图 2–12 支付码的概念图

接下来，我们了解一下具体的过程。首先，通过通知交易将发送者的支付码信息告知接收者。接收者利用这个支付码就能提前生成 20 个仅限发送者和接收者使用的地址并进行监视。在之后的交易中，如果发现这 20 个地址无法满足使用时，就可以通过重新生成地址来弥补。实际上，为了维持这些通知地址，往往会使用与 BIP44 同样的方式。在使用支付码时，可以采用与 SPV

轻钱包同样的方式来监视通知地址，所以也可以将此应用于 SPV 轻钱包。

虽然人们对支付码应用的期待变得越来越高，但是对于那些只交易一次的对象而言，他们可能会因为最初实行的“通知交易”这种一站式服务的复杂性而不想使用支付码。目前，由于这种应用在安装上较为复杂，漏洞也较多，很多钱包开发者都认为不值得花费时间和精力来继续开发。

闪电网络

闪电网络（Lighting Network）是指运用比特币的交易数据，在比特币网络外进行支付的一种机制。通过使用闪电网络，大量超过区块链交易处理能力的支付也可以进行。原来，在比特币网络上进行交易时需要将交易全部发送至区块链，而在闪电网络中，通过构建出第三方托管型网络（在交易结算时，通过中立的第三方来确保交易安全性的交易形态），就可以在很大程度上减少向区块链发送的交易信息，只留下交易证据。换句话就是，比特币区块链所发挥的作用从“支付处理”转变成“纷争处理”。

如图 2–13 所示，闪电网络的工作首先是从交易的 A、B 双方开设基于多重签名技术的通道开始的。两者在开设通道时就决定好了参与交易的比特币数量。接着，A、B 双方给出两笔参照了“未花费的交易（Unspent Transaction Output，UTXO）”的交易并互相签名，也就是 A 同意 B 的交易、B 同意 A 的交易。所以，两者无论何时都可以关闭各自的通道。

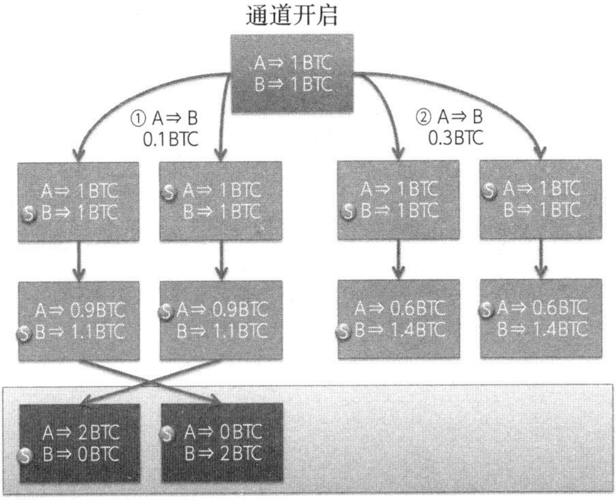

图 2-13　闪电网络工作示意图

例如，将第一个交易设置为 tx0, 那么下一个交易就会存在 tx1a 和 tx1b 两个版本，因此编入区块链的交易就是这其中的一个。另一方面，由于 tx1a 和 tx1b 两者的输出地址和发送金额都是一样的，因此两者可以在协商的基础上决定好通道的余额是多少。问题在于这之后的交易应当如何处理。如果在 tx1a 和 tx1b 上假设 A 的余额是 0.5BTC，B 的余额是 0.5BTC，那么在接下来的 tx2a 和 tx2b 中，A 转了 0.3BTC 给 B，就意味着 A 的余额是 0.2BTC，B 的余额是 0.8BTC。这时，A 就有可能将 tx1a，即 A 的余额是 0.5BTC、B 的余额是 0.5BTC 的交易发送出去，从而引起问题。

这时，交易扩展性的解决方案和相对的时间冻结方法就发挥了作用。具体应当如何操作呢？ tx1a 和 tx1b 的内容并不是现时点的余额，而是基于 A-B 之间的多重签名而返还给自己的全部余额。再生成两者相互签过名的 tx1a-close 和 tx1b-close 的交易，此时规定好余额并关闭通道。在这个交易中，附加了“母交易记载于区块链上之后，必须要经过 1440 区块（大约 10 天）才是有效交易”的条件。

进一步而言，在下一个交易生成之前，如果发送了 tx1a 和 tx1b，那么交易就会无条件地执行 tx1a-punish 和 tx1b-punish 的操作。也就是说，那些想要在交易中谋取不正当利益的人即使发送了只对自己有利的反映其余额的交易（如 tx1a）来谋取个人利益，由于用于关闭交易的交易在 10 天内是无效的，所以自动执行的 tx1a-punish 操作也会没收其全部余额。

基于如此巧妙的构造，只要没有不正当行为的发生，那么交易通道就将持续、永久地开放。不需要使用类似山寨币的外部区块链和类似彩色币的协议，只需要活用比特币的交易和脚本语言就能够发挥作用。关于如何将这一项技术网络化是相当复杂的问题，但是由于这个问题对于闪电网络而言是非常必要的，因此我在这里简单地介绍一下。

这时就需要用到哈希时间锁定智能合约（Hashed Time-Locked Contracts，HTLC）了。哈希时间锁定智能合约是一种经由多个主体来转移资产的技术。比如想要根据 A → B → C → D 的路径来实现 1BTC 从 A 到 D 的发送，那么 D 可以指定一个秘密的“R”，将“R”与哈希值相乘，再将相乘得出的数值“H”发送给 A。A 在与 B 的交易中就附带上了“只能向拥有 R 的人发送”的条件（这时 A 会为 B 支付奖金）。

当然，由于 B 不知道“R”的数值，所以在传达至 D 之前必须要合作。同样，B 对 C 也会发送附加了相同条件的交易，而 C 为了让交易顺利完成，也会向 D 发送这笔交易。交易一旦发送至 D 处，D 就会通过基于 TCP/IP（网络通信协议）的点对点信息，告知 A、B、C“R”的值。当那些企图在过程中做坏事或者捣乱的人有不正当行为发生时，接收者就可以在各自的交易中按顺序关闭通道来应对。

本文中因为有很多并不常见的专业用语，对于初学者来说可能比较难理解，但是我衷心希望你能够有所收获。

我认为，比特币以及区块链技术未来将会带给我们更多的惊喜。正是因为这些创新性的进步，我相信，不仅是比特币技术，点对点交易的潜力也将会得到大幅度提升。对于想要了解和学习比特币技术的你来说，我建议你多了解比特币的脚本语言和闪电网络的构造。这样，我们不仅能够找到比特币相关问题的解决方案，还能够进一步发现潜在的可能性和进步。这些可能性和进步正逐渐在我们身边发生，相信比特币和区块链技术的未来会更好。

第3章 区块链引起的金融变革及其构造

- 区块链概论
- 区块链的经济模型
- 区块链在金融服务领域的应用

区块链概论

朝山贵生

科技局株式会社董事长和首席执行官

2015年，在欧美一些国家，有超过1000亿日元的资金投入比特币和区块链的相关行业中。其中值得关注的是，随着区块链技术的巨大发展，大多数与比特币相关的初创企业都在积极地加入区块链行业。如今，区块链被认为是金融科技行业中最具竞争力的技术之一，吸引着无数目光。

对区块链的大部分投资都来自像花旗银行、英国巴克莱银行、法国巴黎银行、高盛集团、纳斯达克、德国银行和瑞银集团等大型金融机构。那么，为什么金融机构会将目光聚焦在区块链技术上呢？这个问题一直也没有明确的答案。一般而言，虽然技术稍领先的欧美国家逐渐开始共享一些技术，但是它们并没有触及区块链技术会给金融体系带来怎么样的冲击这一问题。

我所在的公司提供商用区块链技术，所以我们掌握了很多的相关数据。但是在分享这方面信息之前，我先简单梳理一下金融机构与区块链技术之间的关系。

区块链最先应用于比特币

最近，在日本的技术类媒体中，我们能够发现类似“比特币是一种区块链技术服务”等的表述。但这样的表述好像有些问题。为什么呢？因为区块链是作为比特币的基础技术而被大众熟悉的。也就是说，比特币的“出现”早于区块链技术，其他都是源于同一技术的后续发明和应用。

那么，为什么会产生这样的误解呢？这起因于与比特币有关的各种人物。

对比特币的排斥

比特币最明显的特征集中体现在它的发明者中本聪所说过的话中，他曾发表过“政府擅长击溃 Napster 那样由中央权力控制的网络，但是像 Gnutella 这样的完全点对点网络看起来依然安枕无忧”的言论。

在他所说的“完全点对点网络”中没有管理者，实现了完全的去中心化。因此，如果要阻止比特币网络的运行，那么就必须要破坏现有的所有网络节点。也就是说，事实上，谁也无法阻止比特币 P2P 网络的运行。中本聪将这一特征表述为“不论哪个国家都无法阻止”。

但是从另一个角度讲，“没有管理者就等于无法进行调控”，而且“完全的点对点网络就等于无法被击溃”，那么人们在比特币应用方面的选择就只有 3 种，即“接受”“拒绝”和“无视”。比特币是一种“结算服务”，但另一方面也被称作“加密货币”，大多数金融机构以“没有发行主体，无法进行法律层面的管理”为由“拒绝”选择比特币。突然，比特币就被定位为“恶性的存在”。

但是也有一个非常特殊的例子，那就是德国的 Fidor 银行，它完全接受比特币，并将其当作一种法定货币来处理业务。还有很多银行正在默默地从长期视角审视比特币的“竞争性”和“威胁性”。那些将比特币定位为“恶性的存在”的人将目光紧紧地盯在比特币“黑暗”的部分，不停地散布“比特币是洗钱和不正当汇款的温床”等与事实相悖的言论。尤其在日本，媒体长时间充斥着类似“比特币公司管理者被逮捕”等大量负面的新闻报道。

这一趋势在2015年年中变得尤为明显。同年秋天，全球的投资专家甚至出现了“都不想谈起比特币”的情绪。而实际上，英国政府已经对比特币进行了审查。审查结果显示，其在洗钱（34分为高风险）和现金流通（21分为高风险）方面的风险都很低。然而目前，一些行业和人群仍然对比特币持怀疑态度。只有一部分目光敏锐的金融机构逐渐加速了对比特币的了解，事实也逐渐显现出来。

不可被忽视的力量

随着比特币影响的扩大，它的应用也更加广泛，人们进行了多次压力测试。结果却出乎人们的意料：比特币在多次压力测试中没有出现过一次失误，就连在汇款业务处理延迟这一项上都没有。也就是说，比特币实际实现了零故障时间。即使受到了故意攻击，比特币也因为自2009年出现以来就实现了零失误的运作令很多人感到震惊。另外，时价总额高达数千亿日元的比特币也时常被以盗窃为目的的行为攻击，这是因为人们可以自由地启动网络节点，而且都可以链接上比特币网络。

但是，除了因为算法错误导致密钥重复所引起的盗窃，就算比特币一直被置于互联网环境中，实际上也从未发生过一起因比特币自身原因而引起的盗窃。也就是说，比特币作为一种金融服务，在“无管理者”的状态下实现了“即使置身于网络环境，也能够保证无人篡改、无人偷盗的安全性”。

另外，Mt.Gox 的比特币被盗的原因与比特币的安全性无关，而是市场运营者的个人原因，这一事实也开始被人们所接受。一些金融机构逐渐将目光聚焦于比特币优异的结构上。

区块链到底是什么

对于那些工程师而言，区块链同样是一种崭新的、困难的、容易造成误解的技术。目前，虽然人们没有在各大网络上对区块链提出意见和进行批判，但是也存在着混淆比特币的区块链技术与基于比特币而发展起来的区块链技术的情况，从而形成了由于前者的制约而增加了对后者的批判的思维模式。对于区块链的说明本应需要一本厚厚的专业书籍，在这里我想尝试用最少的文字来说明。我们先从比较区块链技术与银行的支付系统开始。

以客户端服务器方式运行的支付系统

从前我们一直认为，银行的支付系统是不允许有失误的，所以我们会为了满足冗余度而准备两台价格昂贵、运算能力强大的服务器，为了保证电力供应而准备双重保障的电源，同时还要准备两条互联网线路，并准备为数据进行备份。虽然准备了几台服务器，但是由于是与特定服务器连接来进行汇款等业务的，所以这也被称为“客户端服务器”方式。在支付系统中，所有的业务都是逐一按照顺序进行线性处理的，一笔支付没有完成的话，下一笔支付就不能够被处理，也绝对不允许出现支付金额与余额不对应的情况。所以，银行也需要高价购买数据库软件来支撑支付系统的运行。

在银行的支付系统中，通常都会有“一定时间内处理尽可能多的业务”的工作量要求，也会准备一定的设备来应对高峰时期的业务量。而且为了确保正常运营，银行不得不花费巨额成本致力于制定规避短期混乱的机制。

即使是实行了这样的全面保护，银行的服务也经常由于系统故障和网络故障而出现暂停。2015年9月，日本国内最大的信用卡结算系统CAFIS出现了持续一个多小时的故障，导致全日本大约30%的信用卡业务暂停。也就是说，即使有了代价高昂的准备措施，也没有办法排除所有的物理性故障，也依旧有可能遭受巨大损失。

点对点形式的区块链

过去，银行的支付系统基于“为实现零故障而不断努力”的宗旨，不得不花费了巨额成本。与此相比，区块链技术的宗旨却是完全相反的。也就是说，区块链技术能够在“即使发生故障也没关系”的前提下，让几台计算机（网络节点）进行所有相同的工作。比如，比特币的区块链是通过完全点对点的形式来运行的，只要网络中的所有计算机不同时发生故障，那么支付网络就会一直运行，也就是说，只要一台计算机收到了支付信息，那么所有的计算机都能够进行正确的业务处理。

另外，区块链与以往的银行支付系统不同的是，它依靠区块这一多笔交易的集合来处理业务，而且支付处理无须等待百分百的确认，就可以由下一个区块来执行。以往“先确认过去交易再进行下一笔交易”的模式变成了“只要在一定时间内完成确认即可，请直接进行下一笔交易”的模式。就这两点而言，区块链上每一笔交易的计算成本立刻变低了。

每一个区块都是基于前一个区块的内容，通过密码技术生成的字符串“哈希值”而粘贴在一列上的。即使有人用各种方法对区块中的数据进行了操作，也不可能篡改那些前后保持了完整性的数据。如果要修改已有账目中的错误，不需要删除错误的数据，而必须要记录下改正后的账目用来抵消原先的账目。这也说明区块链同样适用会计学中的一些概念。

在以往的银行体系中，如果对数据库设置访问权限，就有可能发生改写余额数据的情况，这就需要服务器的硬件具备坚不可摧的安全系统。而实际上，数据不可篡改的区块链即使完全暴露于互联网环境下也有可能实现安全地运行。

区块链下的每个网络节点都可以进行同一项工作，因此所有的支付请求一旦在一台计算机上被接受，那么就可以自动共享给所有计算机。只要在互联网中，而且支付请求信息不超量的话，任意一台计算机都可能进行正确的业务处理。如果工作量一旦超过额定的标准，区块链也不会出现故障，而是有可能自动地进行支付的延期处理。区块链对 CPU 的要求很低，能够支持多台计算机处理同一业务，也能够在超过工作量时实现零故障。而且，由于相应的账本数据会被保存在所有的计算机中，所以数据也不需要进行备份。区块链的网络是基于安全的密码技术运作的，既不会被中止，也不会被偷盗、被篡改。如果抛开“没有管理者”这一点，区块链技术恐怕是金融机构梦寐以求的一项技术吧。

接下来，我将从非技术层面来阐释区块链的特征。

“无须可信第三方”的世界

一旦开始接触区块链，你就会不断地看到“Trusted”和“Trustless”这两个词语，前者就是“需要可信第三方”的意思，而后者是“无须可信第三方”的意思。

需要我们再次注意的是，我们在日常生活中接触到的金融服务都是需要信任的。你不得不承认，你把钱存入银行就是基于对银行的信任。然而，就算是国家发行的法定货币，也是一种必须要基于对国家的信任才能实现的金融服务。

比特币区块链则实现了无须可信第三方的世界。一般而言，我们可能会认为“比特币与日元相比是无法被信任的”。但实际情况恰好相反，我们可以说“比特币与日元相比是完全可以被信任的”。当然，这不是指在货币应用方面，而是指当你在比特币区块链上持有 1BTC 的时候，你不需要别人来保证它的价值，也不需要对第三方建立信任，拥有这 1BTC 的比特币就是事实，而且你能够在客观上证明这一事实。

持有法定货币需要有信用基础，那么当发行这种货币的国家消亡的时候，持有的资产也会随之消失。在与法币兑换的过程中，比特币的价值会由于供求关系的变化而发生涨跌，但是只要它的网络不中止，那么你持有的 1BTC 的价值就不会被任何人改变。另外，比特币的发行量在软件上已经被规则限制，所以其发行量也不会因管理者的个人意见随意增减。当然，只要你不把密钥交与他人，你的比特币的所有权就不会在未经许可的情况下被第三方转移和清除。如上所述，由于比特币网络基本上不可能瘫痪，所以它的这些特征也会一直保持不变。在区块链上，由于无数的节点实现了信用的分布式和匿名化，所以保存价值时就完全不需要去信任第三方。

这种特征不仅吸引着初期开发比特币的计算机奇才，也深深吸引着彻底的自由主义者。在需要可信第三方的世界中，那些可信第三方破产的风险和证明自己信用的手续都会成为直接成本。但在不需要可信第三方的世界中，人们没必要去考虑这些风险和成本。例如，初创企业和中小企业需要花费巨大成本来证明所持有资产的存在和价值，而这原本可由外部机构承担，而如果运用无须可信第三方的区块链技术，就能够大幅削减信用证明的一系列成本，甚至实现零成本。作为区块链技术的用例，与“公证”“投机”“审计”和“合约”相关的服务频繁地出现在我们的视野中。

比特币无法被管理，区块链可以

对于感受到“分布式”和“没有中心管理者”的彻底化自由主义而言，比特币的到来正是他们所期待的“自由的金钱”。但是另一方面，无论对比特币是否持反对态度，对于那些已经对区块链特点有所了解的人而言，他们的想法已经慢慢出现了分歧。

特别是对于那些认为“无法管理的金钱”是不应当存在的，并将可信第三方视为自身生命线的金融机构而言，虽然它们想要享受区块链技术的高安全性和零故障所带来的好处，但是对于比特币，它们甚至连提都不想提起。此时，一些积极的话题开始不时地出现，比如区块链，而且不是将区块链置于开放的网络环境中，而是仅仅应用于自己的公司网络以及与合作伙伴的连接。这就是“限制性区块链”或者“非公开性区块链”。

这样一来，虽然我们被曝光在互联网中，但是我们并非利用分开化、无法控制的“比特币中的区块链”，而是在不对外公开的、完全封闭的环境中更好地应用区块链技术。

选择公有区块链还是私有区块链

实际上，仅仅凭借私有区块链是无法得到足够关注的。采用了比特币的完全点对点技术的公有区块链也在陆续应用于各种服务。这两种类型的区块链，加上比特币区块链，这三种区块链经常被混淆，也经常被人们谈论，我简单做下梳理。

私有区块链意味着，如果运行该区块链的计算机的资金被切断的话，那么点对点网络也将停止运作。另一方面，公有区块链也意味着，只要追求该区块链所带来的激励的人不从这个世界上消失的话，那么点对点网络也将持续运作。而我们知道，如果公有区块链的优势在于完全去中心化的、“不存在中央管理者所带来的安全性以及永恒的服务”的话，那么私有区块链的优势就是计算机或者网络的运行都能够由自己公司进行管理，即“确保权限管理的灵活性和隐私性，以及实现卓越的性能”。例如，前者在物理上无法构建出能够在几秒之内处理大量交易的算法引擎，但后者却有可能实现。

另外，在公有区块链中想要进行功能的追加和修改，如果参与的网络节点有半数以上不同意，那么就无法实现，而在私有区块链中则可以通过管理者发挥其管理职能而实现。不可否认的是，私有区块链放弃了比特币区块链所具备的无须可信第三方的优点，但是在牺牲利益的同时也获得了收益。

在安全性方面，只要密码不被破解，那么两者之间就没有很大的差异，但是当我们考虑到发生未知问题的风险、管理权限以及心理障碍的时候，金融机构肯定更青睐私有区块链。

对于私有区块链是通过数量有限的计算机来认证的特点，有人可能会认为这样就失去了区块链的意义，但这种想法是错误的。私有区块链原本就是由特定的企业和集团来管理的。最终，如果经济资源停止供给的话，那么网络也会随之消失。因此，私有区块链就是在区块数据及其存在证明能够从这个世界上消失的前提下运营起来的。

在应对恶意破坏的对策方面，比特币的区块链中采取的工作量证明（Proof of Work，POW）和区块内存储数据的方法已经取得了很大进步。在私有区块链中，即使是内部的管理者，也几乎不可能在数学层面上进行不正当交易的追加和数据篡改。至于挖矿这种具有话题性的行为，它与区块链是公有还是私有无关，对区块链而言，这并不是一个必备因素。挖矿是对比特币网络参与者的一种鼓励机制。如今，金融机构仍旧会问："我们工作人员的计算机是不是也可以进行挖矿呢？" 答案自然是否定的。

另外，值得一提的是，金融机构的投资对象并不一定都是私有区块链。在欧美国家中，大笔资金被投入那些应用了公有区块链的项目中。在支付系统等银行设施中，应用私有区块链居多；在金融机构之间的交易系统中，两者都有；而在汇款等服务中，应用公有区块链居多。

有些人想要在非公开环境中应用区块链技术，也有一些比特币支持者坚称“如果存在管理者，那么去中心化和无须可信第三方将失去它们的意义，区块链也就没有意义”，这两类人一直对有效性问题存在争议。而我认为，我们需要了解并灵活应用公有区块链和私有区块链各自的优点和特征，并将它们应用于不同的领域，也可以将两者结合应用，从而使两者获得更长久的发展。

区块链的最大优点

仅仅凭借安全和零故障的特点，区块链技术是无法吸引数百亿日元的投资的。其实，区块链最大的魅力就在于大幅度的成本削减。

与以往的金融系统相比，区块链的结构大幅度地降低了成本。正如前文所述，不仅可以通过多个区块来处理汇款要求，而且还实现了当区块内的汇款内容在百分百确认之前就可以交由下一个区块进行处理的可能性。原来的支付系统要求这些汇款业务必须逐个、按顺序完成，而区块链则允许汇款交易在“未来时间内认定”，这一点从根本上颠覆了我们的认知。

虽然很多欧美国家的金融机构已经花费了高额费用进行有关区块链作用的实证实验，但是关于区块链究竟能在多大程度上削减成本这一问题，实验方却一直没有给出具体数字。

原因主要有两个：第一，到目前为止，区块链结构并没有完成在实用性方面的构建，比如在假设有多种实用性、在包含安全监督费以及在计算巨额研发费用的情况下，计算每一笔交易的成本并对外公布是相当困难的；第二，还有很多不愿对外做详细说明的情况。成本计算实际上是很清楚的，即使成本计算方法与大幅度削减成本有关系，选择当下的时间来公布也毫无益处。当下，比起技术，金融机构对银行间汇款设施的争夺更为激烈，并不是向竞争对手暴露自己意图的时候。

从以上理由中我们可以发现，目前互联网上并没有完全公开有关“区块链技术究竟在多大程度上实现了成本削减”的相关信息。即使有数字出现，也只不过是一些类似“1 秒内实现了 10 000 笔交易”这样不涉及具体技术的宣传，这样做往往是为了募集资金，可信性较低。而且，由于媒体的错误解读而使错误信息在日本国内大范围传播的事情也时常发生。

区块链带来的成本削减

毫无疑问，未来公有区块链的交易费用也将会大幅下降，而我认为更有意思的是，成本削减将会发生在非公有的区块链上。换言之，前者主要是企业间交易成本的大幅削减，而后者则侧重于企业和集团内部的处理成本和运行成本的大幅削减。

我将以我所在公司的数据为例，来说明非公有区块链技术究竟如何实现成本削减。

我们先从日本金融机构基于常识性预估而致力于构建起能够在 1 天内处理 300 万笔交易的支付系统开始。出于“零故障时间”的目标要求，为系统选择的设备也理所当然地是那些价值数千万日元以上的服务器，预计初期费用、软件开发和研发等各种人工费用需要数十亿日元，而运营费用（一年）保守计算一般是上述费用的 1/10，那么一个月也需要数千万日元，还要加上巨额的设备更新费用。只要系统存在，这些巨额的固定费用也将永远存在。

我所在公司提出的解决方案猕迅（mijin）允许私有区块链，这又能实现多少成本削减呢？当然，该解决方案在安全性、性能和整合性上没有一点的妥协和让步。

首先，如果一天内要进行 300 万笔交易，我们能够通过数台接入互联网的设备来进行运作。这些设备只要有 4GB 内存和双核 CPU 就足够了。设备分别放置在三个地方，每处各放置 2 台，总共 6 台。这些设备一个月的费用不会超过几万日元。

对于这样的预估结果，你可能会感到惊讶，但这并不是开玩笑。以这样的配置，基于前述吞吐量的 CPU 占有率将会实现 30% ~ 40%，区块链则将可能实现前所未有的成本削减。使用家用计算机时，由于支付系统在安全性和整合性上没有任何妥协，所以即使超过容量也不会发生故障，设备的初期费用基本上都会被削减。

另外，区块链除了具备防止双重支付的结构之外，它也能够保证记录数据的完整性，使用前只需要确认区块链中的支付定义即可。工程师也只需要掌握 JavaScript 即可。由于初期开发不需要花费太多时间，因此能够在很大程度上减少初期的工作量。有了这样的搭配和调整，那么初期费用最多也只需要几百万日元到 1000 万日元。

保守地说，由于区块链是为了实现零故障时间的功能的，因此每个月的花费也应当不需要数百万日元。如今，一些组织为了应对故障而投入了高昂的准备成本，但其实很多时候这都是不需要的。由于区块链的每个网络节点都能够自动运行并同时进行克隆，因此也就不需要进行数据备份，应对问题的成本也得到了大幅削减。

在各种规章制度约束下，为了保证商品质量和服务品质，组织投入了巨额成本。我们当然可以认为现状不太可能被全部改变，但是我认为上述估算也有一部分可信性。

坚持这样的观点一定会听到来自利害各方的各种评论。比如，什么地方的哪个部分会实现多大程度的成本削减？比较的方法是正确的吗？如果人们开始深入探讨这些问题，那么人们也就能够弄清楚成本浪费发生的地方及其程度，也会更关注区块链带来的成本削减及其程度。

我曾提出过“应用区块链技术的金融机构的运营成本将在2018年削减为不到现在的1/10”的观点，但是现在我认为有可能实现将其压缩至1/100的梦想。原因是，以密码学为基础的区块链技术完全有可能将金融机构业务中由人力操控的部分用密码签名等区块链的基本功能来替代。也就是说，区块链技术带来的大幅成本削减不仅仅体现在与系统相关的费用上，还包括更多的人工费用。即使现在还不太清楚具体的数额以及受到的影响，但是对于那些拨出一大笔预算用于实证实验的金融机构而言，它们自然会关注导入区块链技术与企业成本控制之间的关系。

虽然何时公开实际数据还未确定，但是我们都能够意识到，新的商业模式正在基于即将到来的全新范式而悄然形成。

从“汇总”到即时支付

“汇总”的概念经常出现在会计学中，但是它在网络交易上的概念却是不同的。由于既有金融体系中每一笔交易的成本都很高，因此通过汇总这种处理方式将成本抵销再计算费用，自然就可以达到降低成本提高效率的作用。

但是，应用区块链技术不需要降低既有安全性和整合性等标准就可以让每笔交易的成本接近于0。作为一种新概念，“即时支付”的理念变成了现实。而汇总的概念也能够由在交易中带有余额概念的区块链的基本功能来实现。商业行为从汇总处理到即时支付的转变不仅实现了交易对手（如违约或者破产）风险的最小化，也能够消除现有的各种令人头痛的隐患。同时，批量处理也逐渐转变为即时处理。毫无疑问，提供24小时即时服务将使一般消费者大为受益。

成本结构和商业模式的革命

在日本的银行中，系统的运营费用约占运营成本的1/3，而另外约2/3则是人工费及其他费用。假设将金融机构的成本压缩为不到原来的1/10，那么一定会出现令人无法想象的全新商业模式。在欧美国家，虽然已经出现了像Robinhood这样免手续费的交易应用，但是应用区块链技术能够大幅压缩运营成本，面向消费者的所有服务都将实现免费，未来几年出现仅靠广告收入就能够运营的银行也就不足为怪了。

实际上，亚洲某国的中央银行曾经与我所在的公司进行过探讨，它正在计划基于区块链技术并花费不到3亿日元的预算来构建该国的中央银行体系。可见，区块链技术的应用不是纸上谈兵，而是正在一步步变为现实。区块链所引发的金融革命正在我们看不见的地方萌芽。

区块链与分布式数据库的差别

肯定有人会对区块链技术提出反对意见，他们认为“不必特意使用区块链，用分布式数据库也可以，这样可能会有更好的效果”。那么为什么金融机构会将大笔资金投入分布式数据库却不最先应用它呢？原本，分布式数据库就是为了处理分散的数据、提高数据有效性和降低成本而开发出来的，但金融机构之所以不使用它也有自己的理由。

分布式数据库是不适用于所谓的“支付系统重构”的。虽然整合性项目是存在的，但是如果要完全实现整合性，则需要花费大量的开发工时。分布式数据库虽然能够在技术上达到同样的效果，但是要花费更多的时间和资金，这就失去了对于既有系统的替换意义，只会造成本末倒置的后果。同时，由于其结构相当复杂，发生故障（或者瑕疵）的概率也相当高，验证成果时也需要花费更多的时间和更高的成本。

现在主流的区块链技术与分布式数据库最大的区别就是，区块链技术的主要目的不是处理分散的负荷，而是通过实现物理上的多点分布来消除故障时间。我们也在致力于研究数据本身的分散以及对其进行分布式处理，现在所有的网络节点都能够拥有相同的数据，也能够执行同一工作任务。因此，在一般的区块链中，计算机台数的增加与效果的提升并没有直接关系。所以，我们为“最少需要几台”这一问题给出的答案是：1 台。目前，区块链技术在数据库工作量的功能方面无法胜过分布式数据库。从目前金融体系中必要的工作量来看，区块链最大的优点之一就体现在它可以在保持数据完整性的同时，通过物理上的分布式来实现零故障时间，还可以实现成本的大幅削减。在构建同一容量的支付系统时，区块链上的每笔交易成本要低得多。

支付行业的飞跃

无论在哪个国家，持有银行业许可证的企业都被各种严格的规章和制度所束缚。当然这些规章和制度不是因为区块链的存在而制定的。与此形成对比的是，资金支付行业有了很大的进步。同时也有人预测，到 2020 年，非银行金融企业将会夺走银行 1/3 的利润。

与银行业相比，非银行金融企业在各方面受到规章和制度的影响更小，也更容易导入新技术。不仅如此，它们经常怀着与银行竞争的想法从事着商业活动。同时，由于管理者的成本意识也相对较高，因此导入区块链技术也比较早。据我所知，在日本，以导入区块链技术为前提而开展商业活动的企业不是银行，而是非银行业的各种行业，它们都预测，将区块链技术导入系统将在未来为它们节省 10 亿日元的费用。

无论规章和制度会如何完善，目前日本为银行业制定的各项规章和制度都很难应对新技术的发展，而非银行企业必然会率先受益于成本的削减。实际上，这些企业以同行业成本的 1/10 甚至 1/100 拥有了 24 小时零故障的支付系统，并将削减的成本返还给消费者。那么此时，银行与制定这些规章和制度的金融监管部门会有何反应？这也是我们关注的。

比云计算革命更猛烈的冲击

与其他国家相比，日本企业的云计算导入过程相对比较迟缓。

金融行业的迟缓更加明显。但是云计算革命实现了比以往更大幅的成本削减。

而由区块链革命带来的成本削减却与云革命产生的效果有着很大的差距。区块链与云设备的融合不仅将产生令人惊叹的成本削减的效果，而且还将同时实现金融机构最想要的零故障。这种融合既可能引起同行业的范式的变化，也拥有巨大的变革力和颠覆性。尤其在国际竞争愈发激烈的现在，拥有这项新技术并因此拥有极大竞争优势的银行肯定会对欧美国家以及亚洲各国造成不小的影响。为了应对这项新技术带来的破坏性和颠覆性，深感危机的欧美国家的大型金融机构也逐步将大笔资金投入对这项技术的研究、实证以及周边活动中。

相比之下，那些心里想着“别人已经实现实用性了，我们也不能落后”却总是瞻前顾后的企业已经遭受了很多的损失。与云革命带来的影响相比，区块链革命所带来的影响既迅猛，又广泛。

应用落地就在眼前

日本某银行从 2015 年 3 月开始，历经 3 个月进行了一次区块链相关实验，实验结果于 2016 年 4 月公之于众。这项实验以将区块链应用于银行支付系统为目的，并使用我所在公司的产品——猕迅进行。

实验内容是在亚马逊网络服务的 6 台云服务器上制作 250 万个账号，另外准备好能够进行汇款、存款、取款、余额明细查询和存取款明细查询等业务操作的应用，并在区块链上进行相关业务的处理。

在实验中，实验人员围绕区块链的实用性进行了相关测试，比如对 6 台服务器中的 5 台进行故意破坏使其发生故障，或者使用黑客程序对区块内的支付数据进行篡改等。从结果来看，基于区块链的支付系统不仅不会发生故障，甚至从未出现效率低下的情况。通过这次实验，平时“只是在嘴上说说”的区块链技术在应对篡改和攻击及其可用性方面经过了第三方验证而得到了证实。

在欧美国家已经实施过的区块链实用项目中，工作量较小且商业风险较低的交易平台的适用性不是主要的，我们更需要关注，在日本通过实验和真实数据得出的“区块链适用于银行支付系统”这一结论具有划时代的意义。从技术层面看，日本并不算落后，而“从区块链技术的宣传现状看，日本却慢人一拍”。我认为，这正是需要改善之处。

写到这里，相信我们都可以理解法国巴黎银行的证券研究分析师约翰·派瑞查特（Johann Palychata）对于区块链所发表的评价并没有夸大的成分，他说：“区块链技术是与蒸汽机一样的世纪性发明。它改变的不仅仅是金融行业，更蕴含着改变外部世界的可能性。”

实际上，最先注意到区块链技术并开始进行大额投资的是金融行业，然而现在，区块链技术的影响已经从金融行业逐渐扩大到其他领域。我预测，与金融行业相关的物流行业和保险行业也将大大受益于区块链技术。未来几年，不需经过人手就能够自动执行的且能够在极大程度上规避风险的智能合约的时代也即将到来。

我们应当更好地发展和应用区块链技术。如果我们不理解公有区块链“无须可信第三方”的先进性及其优点，也就无法正确地理解私有区块链的特征。两者共存才形成了更高效的理想化的区块链世界，才可能有更多的受益良机。

我相信区块链会作为一项基础技术运用于各个领域，并发挥出真正的力量！

区块链的经济模型

斋藤贤尔
日本庆应义塾大学（Keio University）SFC 研究所首席研究员

由于区块链是由构成节点（所有者）的自由加入来实现的，因而维持其运行需要一定的激励。如果没有适当的激励措施，就无法期望参与者对区块链的稳定运行自发贡献出自己的力量，因此激励设计相当重要。

本文将介绍包括激励设计在内的区块链的各种经济模型，重点介绍与各模型都密切相关的工作量证明（POW）的经济层面。另外还要向大家说明的一点是，在现在一般性区块链设计中，节点参与者的利己行为可能会对系统和其他节点产生不利的影响。我认为，本文可以为未来的区块链和其他分布式账本的经济模型设计提供一种基础性的思考方式。

经济模型的重要性

区块链是根据构成区块的节点（所有者）的自由加入，并以点对点方式所维持的分布式对象的一种。

点对点的前提就是构成区块链的节点进行的利己操作。因此，为了促使参与者能够遵从协议（通信规约）协调地进行活动，有必要设置一个动机机制。由于我们不能期待参与者会无条件地遵从协议，一般情况下会建立一个包含激励机制在内的经济模型。

为了展示点对点系统中的经济模型的重要性，我们以点对点拍卖问题为例。

点对点拍卖问题

- 在拍卖系统中，参与者通过点对点紧密相连，参与者 A 展示了有吸引力的商品，并在网络上向与 A 相邻的参与者 B、C、D 三人提出转发拍卖信息的请求。
- A 期待越来越多的人对展品进行投标，但是在截止期限之前却只有来自 B、C、D 的投标。由于担心竞争对手越来越多，B、C、D 不再转发拍卖信息。

为了解决这个问题，我们需要准备好转发行为的激励机制：转发拍卖信息为拍卖带来超过预期收益的奖励，以及不转发拍卖信息所应当接受的惩罚（无利益发生）。

要想实现点对点系统的实用性，就必须要准备好某种经济模型，否则会出现类似由于利己原因而造成脱离协议的行为，以及零贡献的参与者只能受到惩罚而引起的搭便车行为。

比如，在比特流（BitTorrent）中，对于不提供数据上传带宽的搭便车者会采取限制数据上传带宽这种“以牙还牙”的方式，从而维持系统整体的健全性。

同样，用点对点的思维方式形成的区块链中也有经济模型。本文的目的就是重点突出这些经济模型。在本文中，还将通过对比特币以及支持其他区块链的工作量证明（POW）、权益证明（Proof of Stake，POS）技术的经济性侧面的介绍，为大家提供一种维持区块链的经济模型的基础思维方式。

区块链与 POW

POW 是什么

POW 是分布式系统设计中的一种经济学方案，也是对于信息处理资源投入的一种证明，还可以用来预防不正当行为的发生。资源的投入需要花费一定的成本，而验证它的结果则几乎不需要花费任何成本。设置好这样的“障碍”，并在确认资源的实际投入量后，允许开始提供服务和提前进行处理，就可以防止垃圾邮件和拒绝服务攻击（denial of service attack，DoS）等不正当行为。

作为 POW 的一个例子，我们都知道在最早提出比特币概念的论文中就提到了哈希现金（Hashcash）。这是抑制垃圾邮件的一种解决方案，也承载着哈希现金戳记（hashcash stamp）散列值，其中散列函数 SHA-1① 摘要记录在电子邮件的消息头中。该散列值的特别之处在于至少前 20 位（按照 1997 年的水平）必须是 0，它才是一个合法的哈希现金戳记。因此，发送一封邮件需要准备大约 1 分钟，但接收邮件的一方却可以在一瞬间进行确认。如果戳记无效，那么邮件就会被当成垃圾邮件处理。虽然通常情况下邮件很容易发送，但是对于那些想要一次性发送数百万封邮件的

① SHA 是安全散列算法（Secure Hash Algorithm）的缩写，是由美国国家安全局（National Security Agency，NSA）设计，于 1995 年由美国国家标准与技术研究院（National Institute of Standards and Technology，NIST）发布的一系列密码散列函数。

垃圾邮件发送者而言，这是个很大的打击。

采用了哈希值的POW实现了以下的一般化：找到目标值以下的哈希值数据。

这里提到的“目标值”，就是用来计算比特币挖矿难易度的256bit的数据，也是挖矿时用来搜索区块头部的哈希值的最上限值。也就是说，矿工就是在比赛寻找低于目标值的哈希值。目标值越低，挖矿的难度就越高。在比特币的世界中，每隔2016个区块，大概每两周会发生一次变动，所以它的目标值也会随之调整。从理论上说，挖矿难易度的数值就是目标值的倒数。

区块链需要POW

最早提出比特币概念的论文中有以下叙述。

> 时间戳服务器通过对以区块（block）形式存在的一组数据实施随机散列而加上时间戳，并将该随机散列进行广播，就像在新闻或者世界性新闻组网络（Usenet）的发帖一样。为了实现一个基于P2P的分布式时间戳服务器，我们将会需要使用一个类似于亚当·柏克（Adam Back）提出的哈希现金的工作量证明（POW）系统，而不是使用报纸或者世界性新闻网络组。

而区块链就发挥着上文提到的“分布式时间戳服务器”的作用，也是基于“根据系统内唯一正当的链条（由区块连接而成），能够保证无论是谁看了历史记录都能够有一致性意见”的想法所创造出来的。但是，在链条的末尾追加新的区块是参与者（矿工们）的自由。由于多位矿工可能会同时追加不同的区块，所以链条可能产生处于分叉状态的危险。

一般而言，在区块链上产生临时分叉的几个链条中，我们会将根据某种算法得出最高分数的那一个视为有效链条，但大多数情况下，我们都认为最长的链条是有效的。区块链就是在矿工“制作最长链条的竞争”中得以维持和发展的。

如果参加这项竞争的成本是 0 的话，那么无论是谁都可以从过去任意一个区块中自由地延长出新的链条，也有可能改写历史。因此，为了预防这样的不正当行为的发生，就必须要设置参加竞争的成本障碍。在这里我们采用了 POW 机制，并规定如果最大成本投入的链条在竞争中取得胜利的话，那么最终这会被视为唯一有效。当然，对于某些怀有恶意的参与者，他们虽然也投入了一定的成本，但如果没有超过真正的矿工投入成本的总额，那么就不可以从正当的链条中延长出不正当链条。

如果要更加严谨地说明，那么我们就从 1 开始按顺序为矿工分配号码，将全部的矿工数量定为 n，将其中怀有恶意的（或者出现失误）矿工的数量定为 f，并且将 R_i 定为节点 i（$1 \leqslant i \leqslant n$）投入的资源，那么投入的资源总量 R 和其中恶意节点所投入的资源合计 F 各自定义为 $R=\sum_{i=1}^{n} R_i$ 和 $F=\sum_{i=1}^{f} R_i$。当 R > 2F 的时候，那么我们就认为其中最长的链条上记录着历史的正确数据。这也可以被视为所谓的“51% 攻击”中的严密条件依据。实际上这也向我们表明，当发生“51% 攻击”时，我们并无法保证正确的操作。只是需要基于以下前提：

区块链 POW 机制的前提条件：所有的（正当）交易和区块都会送达所有的（正当）矿工。

关于 POW 的问题

在比特币 POW 机制中，位于区块头部的二重 SHA-256 摘要值基本上是以从前一区块中延续出来的 256bit 的目标值以下的部分来作为工作证明的。

关于 POW 有以下几个问题。

1. 由于竞争，每生成一个区块，能量消耗将增大

熟悉单位时间内摘要值计算的一方是有利的，因此就会造成集中消耗能量的情况（表示每秒能量消耗量的单位瓦特数在上升）。

2. 算力呈集中化的趋势

（1）随着计算逻辑 ASIC 化的实施，POW 的优劣问题就集中在搭载几枚芯片以及货币经济上的“拥有者”和“非拥有者”。

（2）形成使区块奖励平均化的矿池（多位矿工合作挖矿的场所），最终使挖矿实现云服务化，使矿工的加入和撤出变得相对容易并形成一定规模。

3. 计算逻辑与维持区块链的动机没有关系

也就是说，就算不保存所有区块链，挖矿这一活动也是有可能进行的。如果不保存所有区块链，那么尽管在验证交易后无法致力于创造新区块，但是从原理上讲，无论是否存在延迟问题，都可以通过利用轻量钱包验证协议依靠别的节点进行验证。

对于诸如以太坊的 POW 算法被称为 Ethash（之前被称为 Dagger Hashimoto）等这些问题而言，将区块链数据进行频繁输入输出的基础部分与连接有向无环图（Directed Acyclic Graph，DAG）的基础部分（Dagger）组合在一起将会抑制 ASIC 化，从

而有可能实现轻量委托人的验证工作，并指向能为区块链数据的维系赋予动机的 POW。

比特币 POW 的现状

价格的变化

比特币中 POW 会随着投入的电力以及产生的利益的变化而变化。这里所说的“利益”是新区块生成的报酬和交易手续费的 BTC 价值，因此与 POW 相关的变量（投入成本 / 难度以及实际挖矿的平均间隔等）会受到 BTC 价格变动的影响。如果要确认 POW 的现状，就必须关注与价格变化的关系。图 3–1 展现了 BTC 过去两年间的价格变化。我们从中可以看出，2015 年 1 月前后，BTC 价格断断续续下跌，直到跌至谷底，同年 11 月又开始急速攀升。

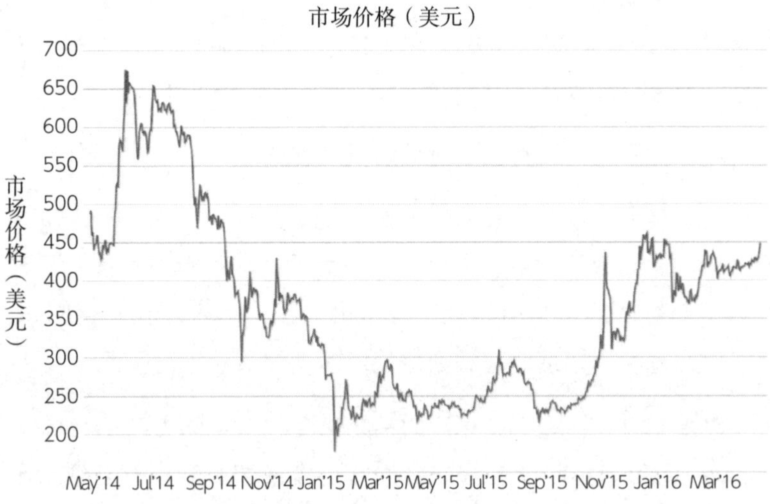

图 3–1　BTC 市场价格的变化（截至 2016 年 4 月 22 日）

来源：blockchain.info

挖矿间隔的变化

从比特币网络上获取的关于 POW 的信息很少，区块头部所储存的时间戳和目标值是唯一的信息源（其中，目标值以压缩的形式存储在区块头部）。

图 3-2 展示了比特币在过去两年时间（2014 年 5 月—2016 年 4 月）挖矿间隔（也称为区块时间间隔）的变化趋势。在比特币的世界中，由于交易数据中不包括时间戳，因此实际上无法计算出每笔交易确认完成（也就是被存储至区块上）的时间的中间值。所以该图表现的是推测所得的接近区块头部的时间戳的差分（的平均值）。

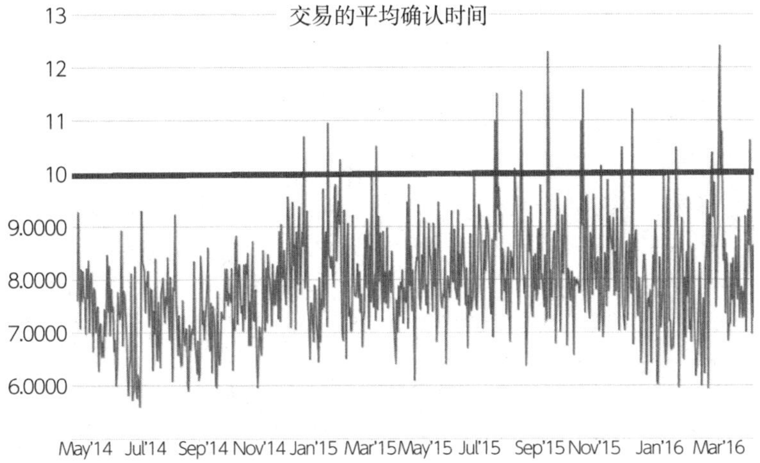

图 3-2　挖矿间隔的变化（截至 2016 年 4 月 22 日）

注：10 分钟是我所高度强调的基准线。

来源：blockchain.info

图 3-2 所展示的就是对于挖矿时间间隔的变化的说明，而且基准被规定为比特币协议上的目标值 10 分钟。我们从中能够看

出，几乎大部分的挖矿间隔的平均值都低于 10 分钟的目标值，这表示在比特币中投入了越来越多的成本（矿工增加了工作量或者有更多的人加入矿工的行列）。

相反，当挖矿间隔超过 10 分时就说明投入成本相对减少。我们从图中可以看出，在过去一段时间内，对于指定目标的投入成本发生了急速下降（矿工撤出）。这一现象在图中虽未完整体现，但是在 2013 年 11 月至 2014 年 4 月之间有非常显著的趋势。

我们可以看出，2014 年 12 月至 2015 年 7 月（比特币价格的低迷期），挖矿的难度呈现出下降趋势，但这种现象只能说明挖矿间隔相对目标值有所延长，即对于指定目标的成本投入相对减少。

之后，如图 3-3 所示，伴随着 2015 年 11 月比特币的价格上升（投入成本也随之急速上升），难度也呈现急速上升的趋势。

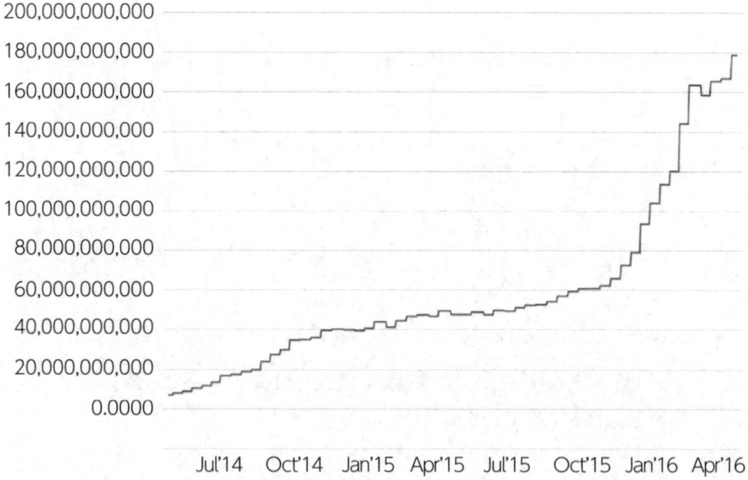

图 3-3　挖矿难度的变化（截至 2016 年 4 月 22 日过去的两年时间）

来源：blockchain.info

哈希率的变化

图 3–4 展示了比特币在 2014 年 5 月至 2016 年 4 月这两年中的哈希率（每秒散列值计算回数的总数）的变化。

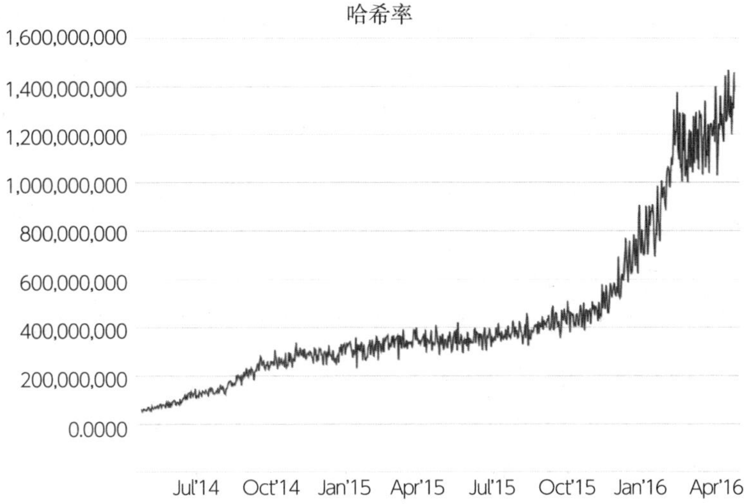

图 3–4　哈希率的变化（2014 年 5 月至 2016 年 4 月 22 日）

来源：blockchain.info

与挖矿间隔（时间戳的差分）和挖矿难度（由目标直接所得的数值）不同，哈希率不是从比特币网络上直接测算出来的数值。因为矿工本身并不能申报自己的算力。这里所提及的“哈希率（算力）”是从目标值中所获得的挖矿成功率与实际挖矿成功的时间推导出来的理论值。

如图 3–4 所示，与 2015 年 11 月价格开始上升相呼应，哈希率也呈现出急速增长的趋势，而由于哈希率是基于难度和挖矿间隔的数值计算得出的，因此如果挖矿间隔保持一定数值的话，那么哈希率一定与难度有着相同的变化趋势。

我们从图中可以看出，随着哈希率的上升，单位时间内的振幅也变得越来越大。这种现象可能是由于随着难度的上升，在计算哈希率时挖矿间隔的变化的影响越来越大所造成的。也就是说，就算挖矿间隔在同 1 秒发生变化，难度上升的话，哈希率也会上升，因此当挖矿间隔的振幅保持一定时（实际上大致是一定的），随着难度的上升，哈希率的振幅也会在表面上呈现出增大的趋势。因此，实际上哈希率的振幅是否扩大并无法得知。

哈希率的实际振幅体现在为了挖矿而在比特币网络上运作的芯片数的变化。目前，虽然拥有大量硬件的经营者支配着挖矿的行为，但是根据对价格变动的敏感反应，我们还是有可能做到对电力投入的控制。

比特币 POW 的经济

代币经济

采用区块链等技术实现的电子化代币，由于可以在现实世界中用货币买卖，因此也拥有货币价值。在使用各种代用货币的世界里，如果存在像比特币这样的通用交换媒介，或者在某种特定用途中实现特殊化，那么它就可以代表某种交换价值，即形成所谓的“代币经济”。

至少在比特币的代币经济中，价值与投入的成本密切相关，价格也与 POW 有着很深的关系。

比特币的需求与供给

电子货币的价格与 POW 密切相关，原因是 POW 与货币供给的关系很密切，而价格是由需求和供给决定的。

《*Iwamura et al.*》(2014) 一文对此进行了具体分析，文章认为比特币价格不稳定的原因之一就是比特币的代币需求的供求不平衡。图 3–5 展示了比特币的需求 / 供给曲线。

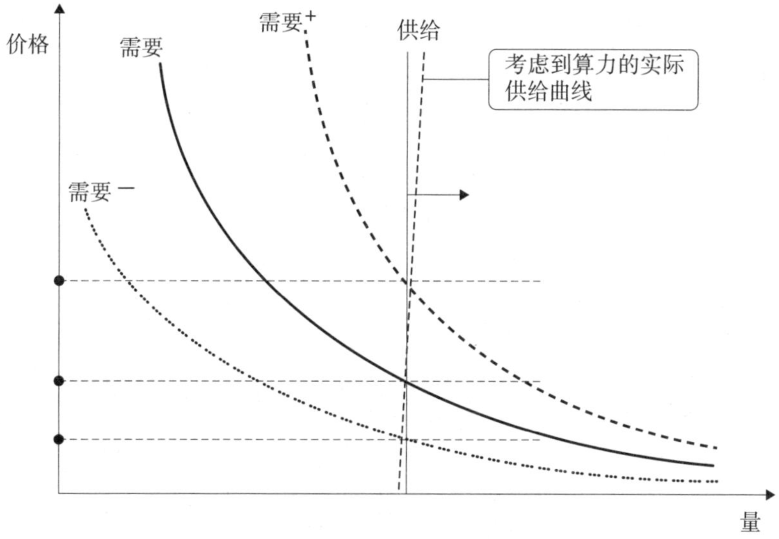

图 3–5　比特币的需求 / 供给曲线

在一般商品（包含货币）的供求曲线中，需求曲线是呈向左上升趋势，而供给曲线则呈向右上升的趋势，价格就是由达到供求平衡时的那一点（需求曲线和供给曲线的交点）所决定的。对于需求的增减变化，供给量也会随之做出反应而进行增减调整，因此价格变动会缓和一些。

另一方面，关于比特币中的新增供给量，由于只对平均每 10

分钟 1 回的区块生成的报酬以及该报酬会随每 21 万个区块（约 4 年时间减半）而发生变化等方面进行了规定，供给曲线基本上是呈垂直形状的（更严格地说，比特币的供给曲线向右微微倾斜，需求一上升，价格也会随着上升。在目标调整之前，随着投入成本的增加，供给量也会略微增加；当需求下降时将会发生相反变化）。

图 3–6 展现了比特币交易量的变化。目前，如果多数比特币汇款是与比特币本身交易有关，那么这张图则说明了比特币的需求变化。将此图与图 3–1 相比较，我们可以发现，在比特币中，需求对价格的变动的反应非常敏感，而价格会直接受到需求的影响。因此，一旦价格有急剧上升或者下降的趋势，我们也能够立刻掌握。

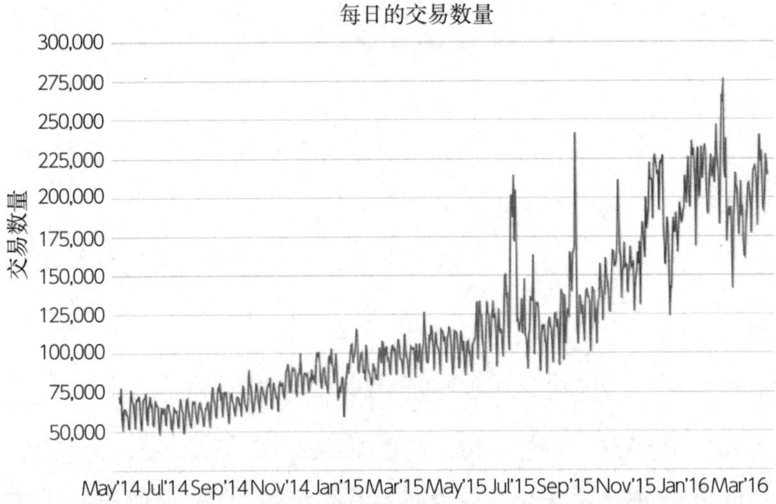

图 3–6　比特币交易量的变化（截至 2016 年 4 月 22 日）

来源：blockchain.info

在比特币中，比特币价格变动不仅会影响 POW 的变动，还会影响 POW 的设计。

POW 系统的特征

在这里，我想要效仿《*Iwamura et al.*》（2014）一文，用数学方式表现一下比特币中 POW 系统的经济特征。

将比特币的市场价格设为 P，单位时间内比特币的供给量设为 Z，矿工的数量设为 n，为了计算简便，将所有的矿工的算力设为相等，那么单位时间内挖矿报酬的市场价值（利益）就可以表示为 PZ/n。

另外，如果将单位时间内挖矿的成本设为 C_m，当 $C_m < PZ/n$ 时，矿工就会投资自己的算力并参与到挖矿竞争中（n 将上升）；当 $C_m > PZ/n$ 时，矿工将会退出（n 将下降）。

由于这样的关系会形成负反馈，因此从长期来看，当 $C_m=PZ/n$ 时就会变得稳定 。

上述参与和退出的原理几乎不影响比特币的供给。

在比特币中，挖一个区块所取得的报酬在每 21 万个区块生成后会减半。2009 年 1 月系统开始运作，区块报酬是 50BTC，2012 年 11 月变成了 25BTC。现在，平均每 8 分钟生成一个区块，按照这种速度，2016 年 7 月将累计达到 42 万个区块，同时在大约 4 年后（2016 年 7 月），报酬也会变为 12.5BTC。

挖矿的激烈竞争所造成的后果就是投入的电力成本和挖矿成本如上述公式所示，达到了平衡状态，但如果报酬减半的话（暂且不考虑比特币价格出现翻倍的情况），多数矿工难以维持生计而不得不退出比特币行业。当矿工退出时，竞争就会变得相对缓和，攻击门槛也会相对变低，这就意味着电力投入成本所维持的比特币安全性的降低。

IBC（Improved Bitcoin）的可能性

《*Iwamura et al.*》(2014）一文中给出了可能改善 POW 和稳定代币价格的几点启示。

计算平均挖矿间隔 θ，需要将挖矿难易度设为 d，从目标挖矿间隔（10 分钟）所得的系数设为 k，那么就得出 θ =kd/n。

单位时间内比特币的供给量 Z 的计算公式可以用 θ 和报酬量 V 来表示，即 Z=V/ θ 。

另外，矿工所得利益就可以表示为 PZ/n。

在《*Iwamura et al.*》(2014）中，基于上述关系，我们可以对于 POW 的操作提出以下的改善性建议：

- **建议 1**：配合价格 P 而增减挖矿的报酬量 V。只是在这种情况下，系统必须考虑市场的变动；
- **建议 2**：平均挖矿间隔 θ 只要不过于太小，就不要调整难易度 d。

两种方案都是建立在随着价格上升而增加代币新供给量的基础上的，以靠近供给曲线向右上升的一般趋势，从而实现稳定代币价格的作用。

另外，供给曲线呈现垂直状态而使矿工频繁地加入 / 退出以及沉没成本[①]所造成的退出延迟（妥善保存硬件并通过电源控制来调整运行成本）能在某些程度上应对价格变动所带来的供给变化，也有可能对稳定价格做出一定的贡献。

① 沉没成本是企业投入的不能立即回收的费用。

POS的经济

POS是什么

生成区块的概率会随着代币份额的增加而上升，POS就是通过这样的方式实现证明的。如果将投入代币视为一种资源来考虑，那么就可以将其视为一般化POW的一个具体例子。实际上，POS的一般式可以使用哈希摘要的POW的形式来表现：

$$H^n(PD+id+t\cdots) \leqslant (2^n \times balance)/d$$

其中，H^n是输出n币值的密码学上的哈希函数（如SHA-256，n=256），PD是当前区块的摘要，+表示连接，id是账号的标识符（如公钥的摘要），t是时间（如UNIX时间、秒），balance是该账户的代币余额，d是难度（如代币总量）。

当账户符合以上不等式时，代表该账户的网络节点就可以生成区块。

POS有以下几个优点：

- 能源消耗低（可以忽略）；
- 资源集中更加困难（不正当的参与者能否拥有过半数的代币是一个问题）。

POS的问题

与比特币中的POW相比，POS似乎给人一种更温和的印象，但其实在设计POS的时候，也有无法有效运用区块链技术以及无法成功维持运行的情况出现，具体原因有以下三点。

（1）代币的累积

POS 对于持有代币份额多的人是有利的，因此容易产生积攒代币而不使用的问题。这样一来，电子货币的货币媒介功能就会受阻。

（2）“无利害关系”问题

更为根本性的问题在于 POS 中资源投入的成本过低，就无法像比特币中的 POW 一样来维持区块链的运作。这一问题被称为“无利害关系”问题（Nothing at StakeProblem）。

在多数由事故或者故意造成的区块链分叉的情况下，由于参与者在两个链条上的持有份额是一样的，所以参与者能够通过在两方下注避免损失的方式进行挖矿计算，而实际上并没有解决分叉的动机。也就是说，如图 3-7 所示，没有利害关系。

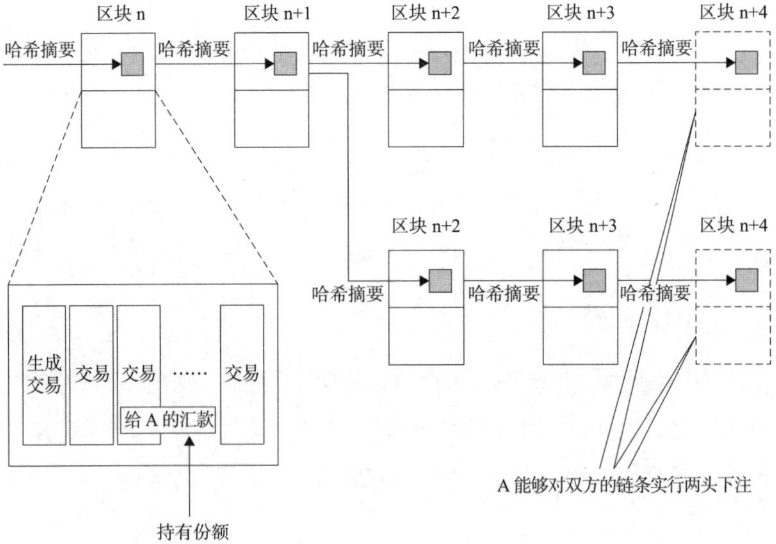

图 3-7 “无利害关系”问题（短期性问题）

另外，运作系统的人存在着无数次重新操作的重大问题。这是因为在创世区块（区块链中最初的第一个区块）的时点下，份额达到了100%，具体过程如图3-8所示。其他参与者只要拥有份额也会重新操作，所以原来的POS就会变得不再能够防止伪造。

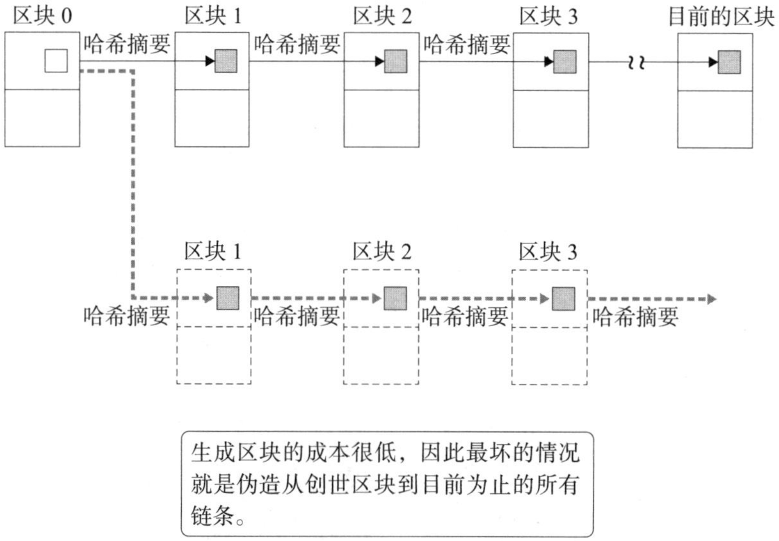

图3-8　“无利害关系”问题（长期性问题）

（3）低成本51%攻击

在POS系统中，攻击者可以几乎不花费成本而取得超过半数的代币。

攻击者会表明自己获得超半数代币的意图，并且会展示为此准备的足够的资金。当预测人们对系统正常运转不再有期待时，代币的价格就会迅速跌落。这时，采取的方法就是买断代币。使用这种方法，几乎不用支付任何成本就能够获得超半数的代币。

利己节点与区块链

当极端的利己节点存在时，就无法保证区块链能够正常运行。如上文所述，在区块链中存在与网络相关的前提条件，如果这些前提被颠覆的话，就无法成功地形成共识。这里所说的“前提条件”就是在网络上上传的交易或者作为交易集合的区块要广播至参与者全员。

比如，当收到被指定高额手续费的交易时，我们会很谨慎地将此交易交给其他矿工，也不转送该交易。这时，该矿工如果成功挖矿的话，区块就会上传，交易也会随之编入区块链。但是，也有可能引起更具破坏性的事情。

在无秩序的点对点网络中，很有可能发生截断网络的攻击，这样的攻击就被称为“日食攻击（eclipse attack）”，如图 3–9 所示。

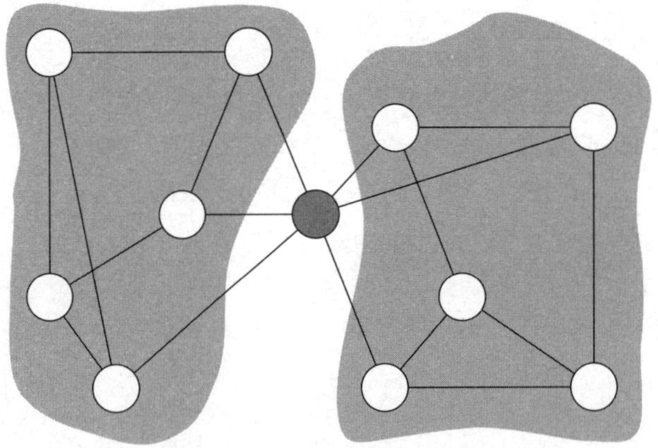

图 3–9　日食攻击

在这种攻击中，背叛者会截断网络，并故意不向子网络传达信息，以此让双方都看不见彼此。这种情况在区块链中就意味着链条之间的分叉将永远存在。

对此，投入POW的资源R也就毫无用处，区块链的操作也会随之崩溃。

一篇名为《*Heilman etal.*》(2015)的研究描述了比特币和区块链在面对日食攻击时所展现出的脆弱性。这篇研究提出了相关的改善对策，其中一部分对策被比特币的开发社区所采纳。

另一篇名为《涩田》(2015)的研究基本可以适用于区块链。这是一篇比较综合性的研究，其中也论述了以上改善对策中的不足之处。

在由不特定的多数人加入的区块链中，我们无法忽视日食攻击的严重性，必须思考出一些解决对策。

另外，在比特币中，挖矿的计算机中不需要存储区块链的数据。由于自身无法进行交易的验证，因此要依赖于其他节点。如果能利用其他节点的服务，那么自身就算不去维护区块链的运行，也有可能成为只参与挖矿的搭便车者（不承担成本而获得利益的人）。

这也就意味着所有参与者要负担自己追求利益的成本，因此所有参与者都会只追求自身的利益，这一现象与“公地悲剧”中的模式相符。当所有参与者都成了搭便车者，那么区块链也有最终灭亡的可能。

本文主要介绍了区块链的经济模型以及与此紧密相关的POW经济的内容。

我们能够从比特币的发展中看到，代币价格不稳定的原因之一也存在于 POW 设计中，因此，区块生成的报酬的决定方法或许还有改善的可能。另外，面对彻底的利己主义行为，区块链中还存在着脆弱的一面，可以说，区块链的发展还与参与者的善良和懒惰有关。这也是今后必须要面对和解决的问题。

另外，在区块链中也存在着仅靠假设利己行为而制定解决方案，却无法起到防止和应对效果的攻击，即仅仅依靠破坏行为的攻击。面对这些攻击，我们必须找到有效的应对方法。

区块链在金融服务领域的应用

后藤敦

日本各大银行正纷纷加入以区块链技术初创公司 R3CEV 为首的区块链联盟，这说明区块链在金融领域的应用引起了广泛关注。区块链究竟能够为我们带来什么以及它有什么用武之地等问题现在仍处于探讨阶段。

以下，我将尽可能地避开技术因素，对区块链在金融领域中的应用做一个概述。

区块链是什么

在既有的中央管理型数据库中存在着中央管理者，而中央管理者对系统投入的成本在很大程度上关系着系统的安全性和实用性。金融行业的基础设施尤其要求高稳定性，支付系统也要与外部进行合作，因此大规模开发、维护成本高的特征明显，在与其他公司数据合作方面也存在着缺乏扩展性等问题。另外，为了实现操作后无法篡改的效果，还需要烦琐的手续并且构建检查/监督体制。

面对这样的现状，区块链凭借以下特点开始受到关注：

- 用户的交易信息将不经由中央系统，而是凭借完整性和正确性直接写入数据库；
- 被输入的数据无法篡改（不可逆性）；
- 所有人都能够在任何地方查看被输入的信息（快速确认/证实）；
- 不需要大规模开发，利用网络就可以实现低成本、高安全性和持续运行；
- 在区块链中可以写入所有信息（高扩展性）；
- 只要满足特定条件，就有可能将交易信息写入区块链（智能合约）。

区块链不仅仅是记录交易数据的数据库，是接受用户的交易信息、确认正确性、防止篡改的记录型技术，还是凭借低成本、高安全性实现零故障、可持续运行的“交易执行和管理的集装箱”。尤其是它在金融行业的应用引起了人们的广泛关注：（1）零故障时间的低价系统；（2）削减成本的可能性；（3）高安全性。

区块链在金融领域的应用大致可以分为资金交易和资产交易两类。首先让我们从资产交易开始介绍。

区块链在资产交易中的应用

随着债券和股票的电子化步伐，这些交易实际上已经逐渐变为所有权在证券结算机构中的变更。电子化信息所有权的转移是区块链最擅长的部分，那么未来，我们很有可能会以资产交易为中心来探讨区块链在金融交易中的应用情况。

区块链在证券结算（股票、债券）交易中的应用

现有的证券交易估算的组织结构如图 3-10 所示。证券最终的名义交换是在证券结算机构中进行的。如果是日本国债，那么就是在日银网络中进行；如果是美国国债，那么就是在 Fedwire①进行；如果是日本股票，那么就是在证券保管转账机构中进行。虽然交易最终体现为证券结算机构中买方和卖方之间的名义交换的完成，但还是需要证券公司和清算机关的介入，这就使信息传播具有多重化，成为成本增加的重要原因。另外，清算机关②担任着总结同一交易对象的交易、冲抵结算（每次交易不是立刻进行结算，而是将某些债券和债务相抵，只对差额部分进行清算）、接受债券债务、减少结算风险的角色。

① Fedwire 是美联储转移大额付款的系统，是美国金融基础设施的重要组成部分。——译者注

② 在日本，日本证券结算机构属于清算机关。

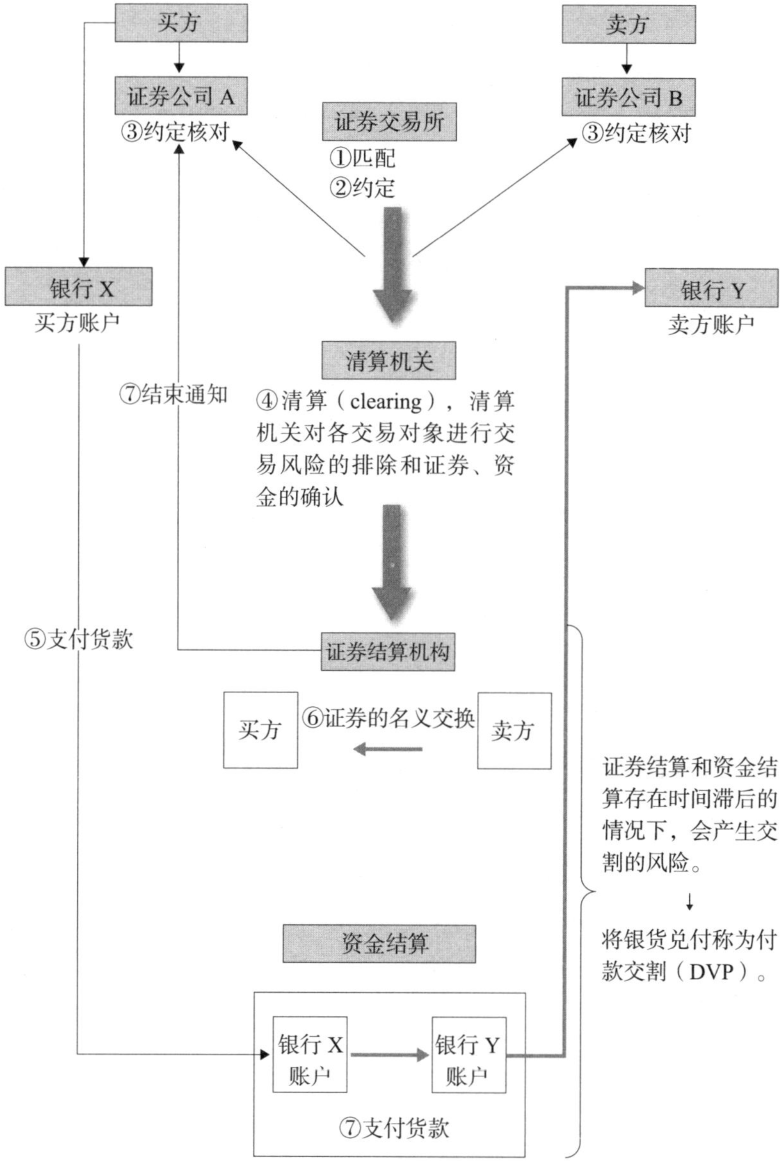

图 3–10　现有的证券结算的组织结构

证券交割与资金结算都是必需的，现在我们将其称为付款交割（Delivery Versus Payment，DVP），这也成了资金和证券同时交割的方法，但是如果这中间出现偏差，就会产生很大的交割风险。尤其是在当天从日本购买美国的债券时，其间经常会有托管人（资产管理公司取代投资专业人士来保管股票或者债券）介入，那么信息传达就会变得多重化和复杂化，证券结算和资金结算的同时进行的难度也会增大。现有的组织结构的问题以下所示：

- 尤其在与国外进行的交易中，信息传递基本上依靠环球同业银行金融电信协会（Society for Worldwide Interbank Financial Telecommunications，SWIFT）来追求效率，但几乎没有进步，反而信息传递出现多重化，确认信息是否正确传递的成本和事务性成本却越来越高。
- 由于系统与其他联系者有联动关系，因此如果升级系统将耗时耗力，变更规模大，而且维护成本很高。

让我们举例说明区块链的应用。

首先关于交易本身，只要买家和卖家能够互相匹配，就可以将证券的名义交换放在区块链上进行，只要将交易信息写入分布式数据库，证券结算就完成了。这时，资金结算也是需要的，为了保持证券和资金结算的联动性，就有必要进行第三方托管（将证券和结算用货款从买家和卖家手中拿出，在两者一致的阶段进行同时交易），具体如图 3-11 所示。

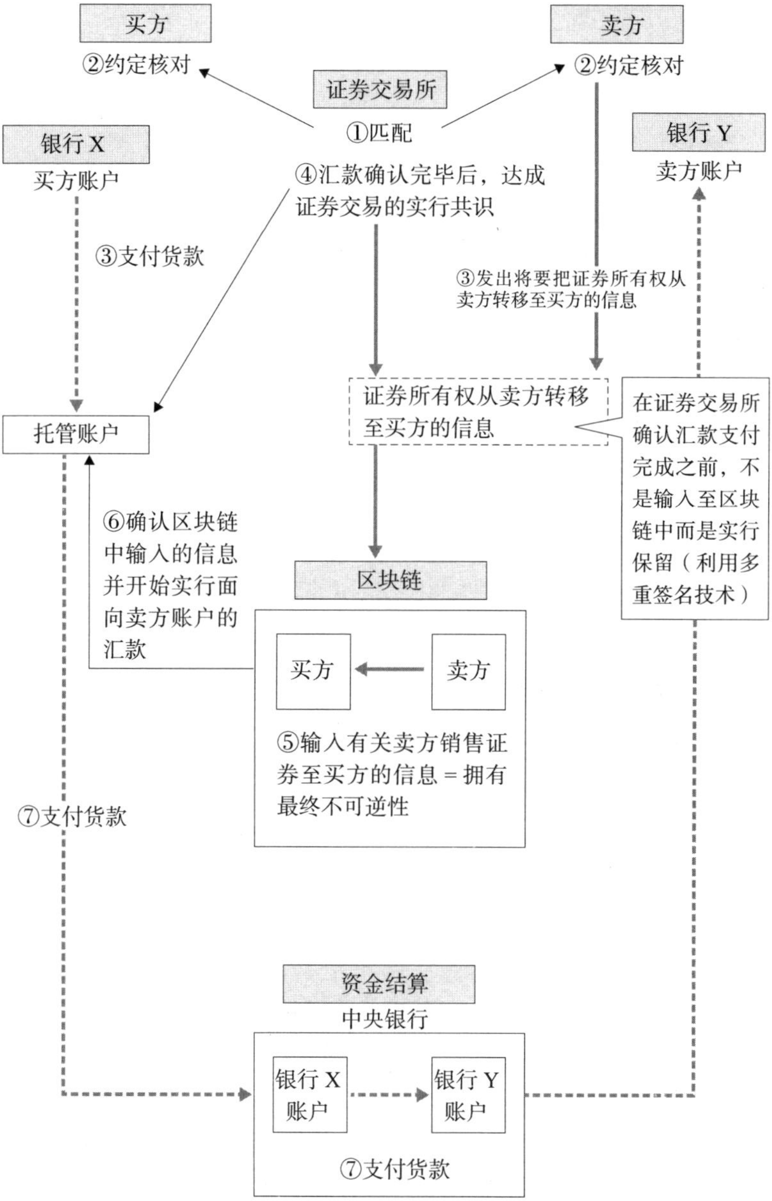

图 3-11　证券交易中区块链的应用示例

还有以下问题需要注意。

是谁将交易信息上传至区块链?

我们可以从以下方面思考:

- 证券的卖方直接上传;
- 卖方的证券公司或者交易所、清算机关等中介机构上传。

虽然证券卖方也有可能会上传交易信息，但由于管理错误发送的风险过于烦琐，因此更有可能是接受卖方指令的证券公司等机构将交易数据上传至区块链的。

是谁在管理区块链?

如果考虑到金融交易需要快速输入，人们就会选择私有区块链而不是公有区块链，并且由交易所或者证券公司的法人或者联盟来运营区块链。在这种情况下，区块链管理所产生的手续费就可以用作系统外部的其他补贴，因此代币（硬币）就没有存在的必要，并且能够在达成共识方面采用最快速的组织结构。

区块链的查阅权限

在区块链中，虽然可以自行查出谁持有多少余额的情况，但由于不允许自由查阅谁持有多少证券，因此只有管理区块链的法人或者监管机关才拥有直接查阅的权限。我认为，未来可能会逐渐出现能够在证券公司与各用户之间的合约范围内查阅信息的代理，或者在区块链上设置一定的查阅范围等形式。

法制层面的辅助补贴

由于输入区块链的信息不可篡改，所以我们通常可据此确认证券结算的完成。同时我们也需要考虑到，有必要在法制层面上为区块链信息的整理工作提供一定的辅助。

清算机构的作用

清算机构的作用在于通过自身认购债券债务来降低结算风险，通过冲抵结算减少证券结算机构中的业务处理量。而如果使用区块链技术的话，清算机构就能够立刻掌握用户所有的证券信息，还可以实现交易的即时性和每笔交易的全额结算。由此可以预见，清算机构现在的作业压力将会逐渐减轻。

成本的削减

对于用户和证券公司来说，自己购买的证券是否真的已经变更为自己名下所有，可以通过查阅区块链来确认。所以这在很大程度上缩短了核对等流程，交易成本也随之大幅度降低。另外，我们也期待着通过将区块链导入证券结算机构的基础设施来实现中央管理型系统的成本削减。

与资金解散的联动性

如果只是将区块链应用于证券结算，实现效率化和实时交割，而仍让资金结算保持现状的话，那么交割风险反而会增大。

最终，如果在资金结算方面也使用基于比特币等电子货币的区块链技术的话，那么证券 / 资金结算的即时性才能够真正得以实现，而这需要花费相当长的时间。尽管如此，如果资金结算保持现状而使用第三方托管机制的话，那么付款交割结算也有可能实现。同时，我预计人们未来将更加关注给予区块链和第三方托管方法的普及。

实现付款交割结算的组织机构

区块链存在着基于特定条件时点下进行交易（输入区块链）的组织结构。以下是几个比较简单的组织结构：

- 将证券卖方要传递至买方的信息输入区块链，当购买货款的汇入信息完备之后，再将证券转移信息输入区块链；
- 买方向第三方托管机构的账户中汇入购买货款；
- 第三方机构中的货款确认完毕后将这一信息发送至区块链；
- 由于购买货款信息已经具备，因此证券转移信息就被上传至区块链；
- 第三方托管账户会参照区块链上的信息，确认证券名义已经更换之后，向证券卖方的银行账户汇入这笔购买货款。

另外，如果在一定时间内无法确认第三方托管机构的收款信息的话，证券交易信息就会被放弃，而证券也会随之返回卖方手中。

当然，可能也有其他方法来实现资金结算的即时性，但是我们能够看到的是，随着证券结算的区块链化以及与现有资金结算的处理时间的差距越来越小，资金结算本身的技术创新也在发展，证券与资金的实时结算问题也能够慢慢被解决。

区块链在资金交易中的应用

电子货币的可能性

由于证券行业中电子化的发展，将名义更改（所有权的交付）从证券结算机关的数据库转移至区块链的门槛并没有那么高。如果要让资金结算在比特币上进行操作，那么首先就是要实现“货币的电子化”，将所有权的转移记录到区块链上是必须的。比特币无疑是实现了“货币的电子化”的例子，但考虑到它的稳定性、流通规模和处理交易量，为了发挥一国经济活动中的资金结算的作用，最终有必要实现的是“法定货币的电子化”。

但是，在区块链上，如果让中央银行来发行电子化的法定货币，那么法制层面的压力会非常大，因此很难有进展。那么当互联网（区块链）上的用户开始以 P2P 的形式进行电子化法定货币的交换时，会引起人们对于比特币和区块链的争议，同时关于如何实施反洗钱对策的问题也会凸显。

因此，在资金结算领域应用区块链技术时，应用基于电子化的法定货币进行资金结算是最终目标，在此之前，会先在零售业展开电子货币和积分服务、信用卡服务等限定范围内的示范，然后再根据应用情况来探讨中央银行发行电子化法定货币的问题。

资金结算基础设施的可能性

在区块链资金结算基础设施的应用方面，中央银行账户间的汇款是不可逆的，所以如果最终中央银行不回应的话，就有可能使资金结算停留在银行的结算设施的应用上。资金结算是在银行与中央银行的封闭式账户间进行的，由于已经构筑了大规模且非常复杂的系统设施，因此即使区块链的便利性和成本削减效果再强，中间成本还是很高，应用区块链还是很难。

电子货币、积分服务的可能性

接下来，让我们结合图 3-12 来思考一下区块链在电子货币、积分服务等方面的应用情况。

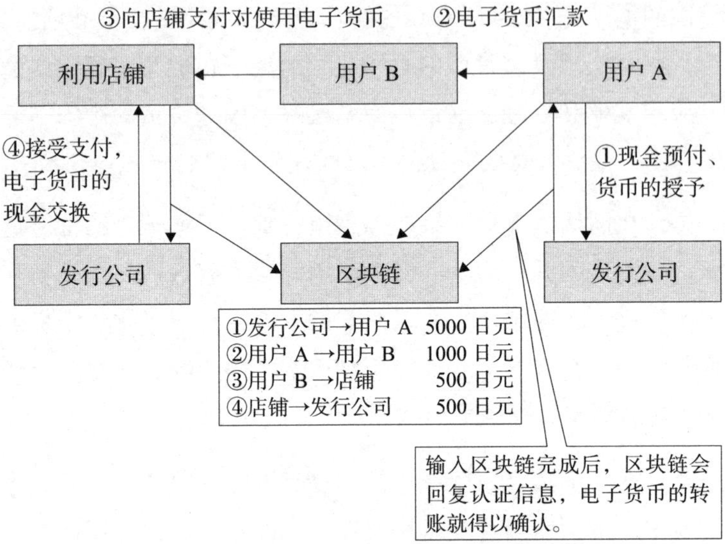

图 3-12　区块链在电子货币方面的用例

电子货币的使用范围有限，如果区块链在追踪交易路径、用户本人确认、与法定货币的兑换等方面进展顺利的话，就有可能比现有的银行汇款系统更有效地实施反洗钱策略。另外，立足于区块链的成本优势，如果用户之间使用电子货币的汇款变得日益频繁，那么应用范围就会慢慢扩大，还很有可能去争夺银行的零售汇款市场。

电子货币虽然有预付价值，但积分则一般被定位成赠品，成了企业的负债，具有更接近虚拟货币的性质。如果积分要在系统设施内应用区块链技术的话，积分在互联网上的流通就会变得更加容易。政府也展现出对积分服务的兴趣，这也有一定的现实性。

将来，如果电子货币和积分服务通过区块链技术能够影响零售领域的资金结算，那么中央银行发行用于零售结算的法定货币一定也更具现实意义。

电子货币应用区块链技术基本上只体现在发行方现有的中央管理型数据库的部分变化。另外，这在以下几个方面也可能产生很明显的效果。

- 当用户之间、用户与店铺之间发生电子货币转账时，以往，发行方都会先确定余额是否存在不正当使用的情况，然后向数据库发送记录，向用户回复确认信息。在区块链中，用户之间、用户与店铺之间的点对点汇款都会如实地被输入区块链。由于已经设定了防止篡改和不正当使用的防范措施，因此就不需要发行方进行确认操作了。
- 使用区块链的分布式数据库有可能以低成本实现一年 365 天、一天 24 小时的零故障持续运行。

区块链在信用卡系统设施方面的应用

目前，由于在信用卡公司之外有很多信用卡相关业务的从业者，因此结算设施和结算时的数据流就会非常复杂。

例如，如图 3–13 所示，信用卡会员在商店里使用信用卡支付时会通过商店→作为加盟商的信用卡公司（加盟店签约公司）→国际品牌网络→用户一方的信用卡公司（信用卡发行公司）的规定流程，并以接力的形式进行不正当使用的识别、结算的确认以及货款信息和销售信息的发送。这一过程需要很多设施，而且由于各层面存在利益瓜葛，因此结算手续费的降低是极其困难的。

与此相比，如图 3–14 所示，使用区块链技术能够从“信息的传递”转变为“参照区块链的形式”，能够实现大幅效率提升。只要有网络，对国际品牌网络的要求就降低了，也有可能大幅减少使用成本。

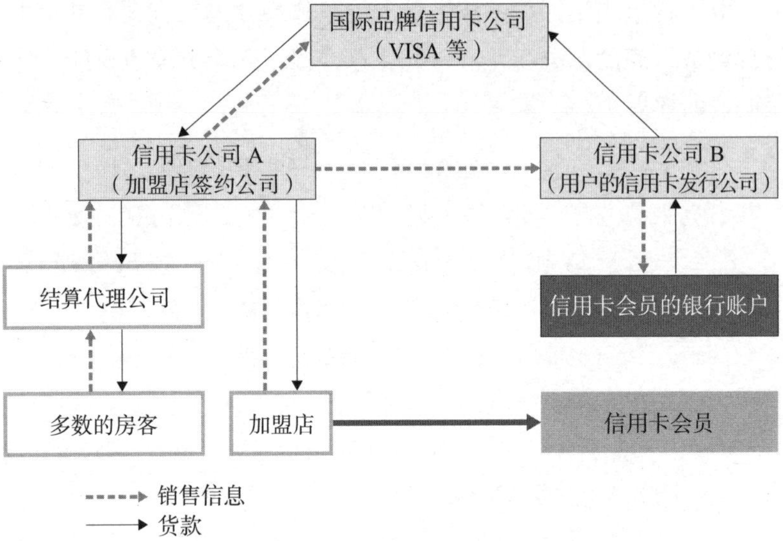

图 3-13　信用卡的结算流程（以过去的系统为例）

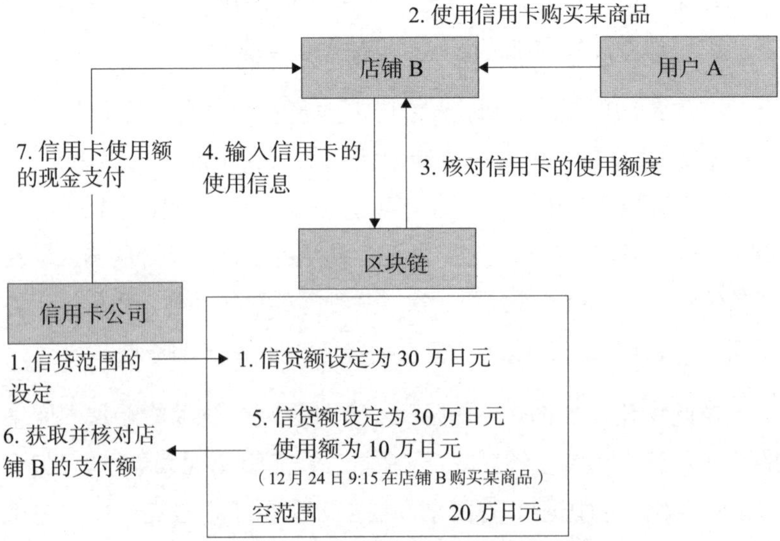

图 3-14　区块链在信用卡系统中的应用示例

在现有机制中，将信用卡信息数据库的输入权限赋予商店并让其输入支付信息，这是不可能发生的事情。但是如果使用区块链技术，不仅可以做到防止篡改和不正当使用，也有可能将商店发送的信息原封不动地记录下来。然后，参与者可以自由查阅区块链这一“中央数据库”，就没必要进行信息的传递了。另外，由于区块链上记录着谁在什么时候、什么地点、买了什么东西等所有信息，因此其在市场信息方面的价值也非常高。

区块链可以防止信用卡不正当使用行为吗?

信用卡的盗刷[①]等恶意使用信用卡的行为带来的危害极大。Apple Pay等应用在手机端隐藏了信用卡信息，使第三方无法盗取信息的做法得到了极高的评价。

当应用区块链技术时，所谓的信用卡卡号就会成为用户的密钥。如果密钥被盗，卡片就会被自由使用。在这一点上，与现有信用卡没有区别。但是，区块链有一种名为多重签名的技术，只有当数个密钥都被认证完毕后才能将交易信息输入区块链。虽然在使用上可能有不方便之处，但是当购买高价商品时，只要持有信用卡本体（和其中的密钥）和手机客户端应用提供的两种密钥就可以完成支付。

我们不再需要信用卡发行公司、加盟店签约公司和支付代理公司了吗?

当应用了区块链技术时，由于没有必要使用成本高昂的国际品牌的信用卡网络，因此就有可能仅靠自己公司来维持所有的与信用卡相关的业务。因此，越来越多的参与者加入了信用卡行

① 盗刷是指通过非法手段读取别人的信用卡或者银行卡的磁条信息的不正当行为。

业，手续费也开始降低。

另一方面，由于需要在获得客户、开拓加盟店、管理加盟店等事务上下足工夫，因此并不是说信用卡发行公司、加盟店签约公司和支付代理公司是完全不需要的。

区块链银行内部资金结算设施方面的应用

让我们来思考一下区块链在银行内部设施上的应用情况。如图 3-15 所示，我们都知道，现在在同一家银行中的汇款只能在银行的中央管理型数据库上进行余额更新。

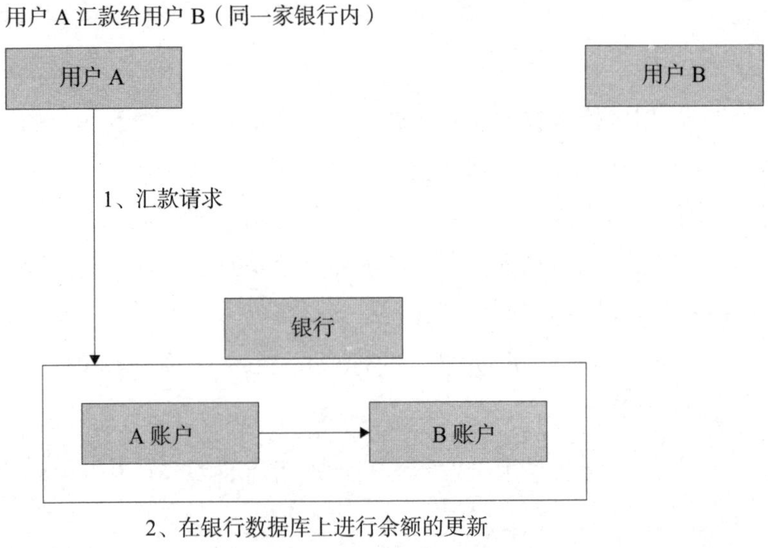

图 3-15　银行目前的汇款系统

如图 3-16 所示，如果应用区块链技术的话，银行就会向用户开放“输入”的权限。当用户进行汇款操作时就会直接通知汇款目的地的用户，而且信息将原封不动地输入银行的区块链。

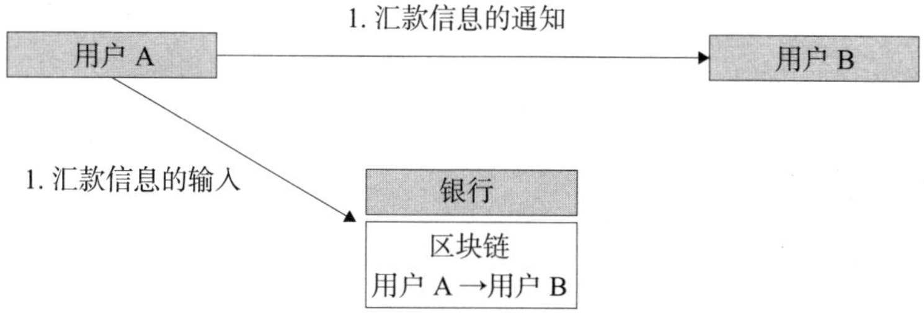

图 3-16　区块链在银行内汇款方面的应用（1）

这时就不需要银行方面进行余额确认，而且系统也没有发生故障的隐患，而且还能够实现低成本全年全天的持续运行。

但是，银行向用户开放数据库输入的权限是非常难实现的，因此目前用区块链替换现有的数据库才更具现实性。如图 3-17 所示，这有可能大幅降低维护和管理系统的成本。

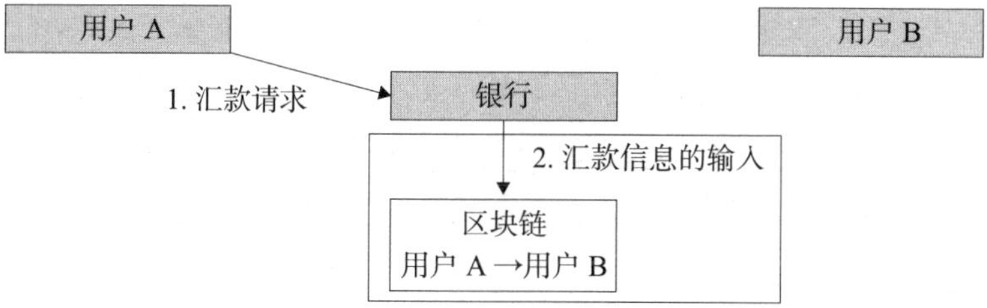

图 3-17　区块链在银行内汇款方面的应用（2）

区块链在银行间资金结算方面的应用

现在的流程是，如果在银行之间汇款，只要用户在营业时间内即时完成就算汇款结束，但实际上在中央银行的账户之间的汇款操作完成之前，最终的资金结算就不算结束，具体如图 3-18 所示。

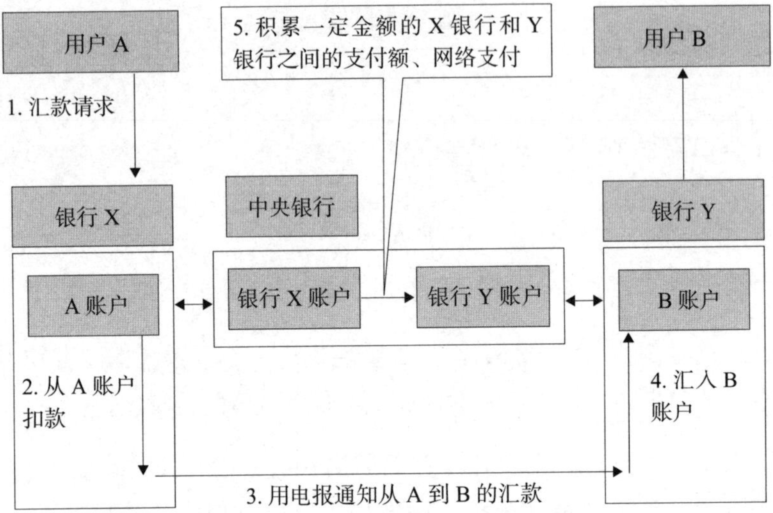

图 3-18　银行间汇款系统的现状

美国 Fedwire 等中央银行体系的现状是，大额支付实行即时总额支付，小额支付采取在全银行体系、自动交换（Automatic Clearing House，ACH）中心等其他资金结算系统上累积余额，并定期在中央银行支付系统进行结算的方式。尤其在全额支付时，由于存入中央银行账户的余额会发生不足或者支付故障等情况，因此中央银行为各银行规定了用于支付的信贷范围，并且允许一定程度的余额赤字（余额变为负数）、更改支付顺序等。银行为了防止出现余额赤字正在不断地完善支付操作。

区块链在这项业务上的应用有两种形式：一种是单纯地将资金结算置换到区块链上；另一种是仅在区块链上记载支付信息，实际的账户汇款操作则另外进行（图 3-19 就展现了后者的方式）。前者不允许余额赤字，无法达到冲抵结算的效果，所以我认为后者可能更稳妥。不管使用哪一种形式，应用区块链的优点就在于系统成本的降低和连续运作稳定性的提高。

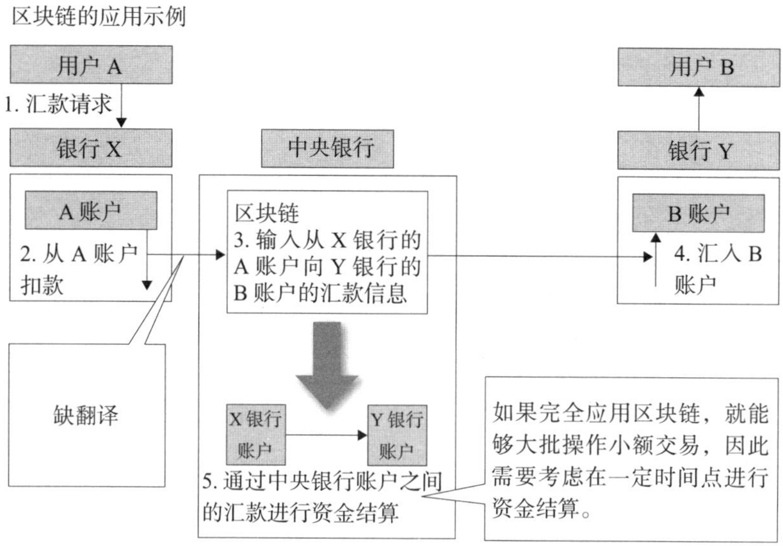

图 3-19 区块链应用于银行间汇款的实例

中央银行发行电子化的法定货币

如果在资金结算业务上应用区块链，而不是实现法定货币的电子化，那么其应用就只能局限在汇款信息的效率化和银行设施的成本削减方面。但如果法定货币实现电子化，即日本银行发行电子化日元，美国联邦储备银行发行电子化美元的话，那么资金结算的电子化才算是真正实现，这势必会给资金的来往带来一次革命性的高效变化。

发行电子化法定货币的理念

我们假设，将目前流通中的一部分现金置换为中央银行的电子货币进行发行。如图 3-20 所示，我们首先假设采取由中央银行来进行区块链的维护和管理、用户来输入交易信息的形式。

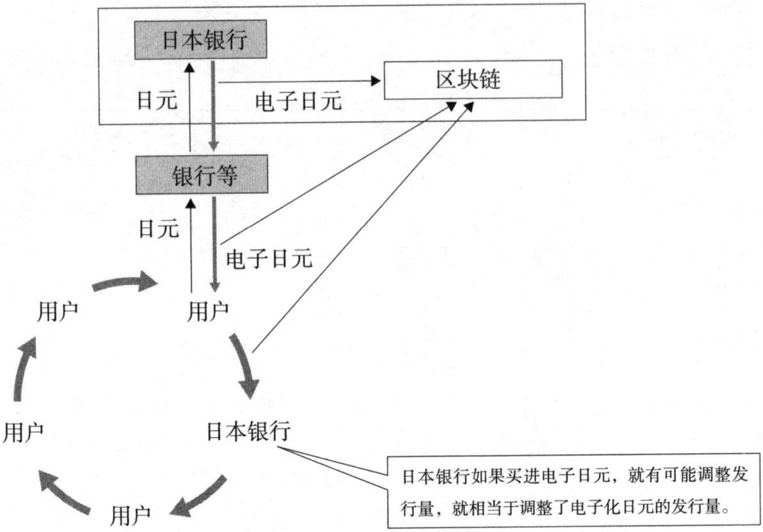

图 3-20　电子化法定货币的发行

电子化法定货币的优点

电子化法定货币的优点以下：

- 不需要与现金交换。收到即可直接使用，因此所有的交易都实现了电子化，能够在互联网上快速操作；
- 只要确定登录地址，所有交易都可以输入区块链，因此就能够掌握资金的流动情况（由于隐私问题也随之突显，因此还需要考虑如何妥善处理地址登录问题）；
- 由于可能会发行只在特定时间才能使用的电子货币，因此可以作为拉动经济活力的对策刺激消费。所谓的“直升机撒钱（helicopter money）”也能直接汇到各用户的地址上，因此更具现实性。

电子化法定货币与其他货币的兑换

让我们以日本银行发行电子日元、美国联邦储备银行发行电子美元为例来说明，具体兑换的方式如图 3-21 所示。区块链上的地址（账户）可以在互联网上自由开设，因此只要落实本人确认的程序，日本人就可以拥有电子美元的地址，美国人就能拥有电子日元的地址，就有可能实现从未有过的外币兑换。

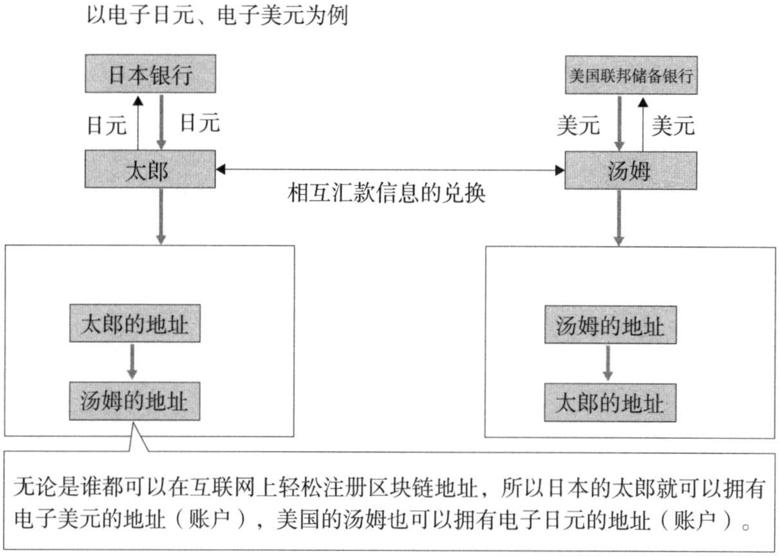

图 3-21　电子化法定货币与其他货币进行的兑换

外币兑换市场也会变成如图 3-22 所示的景象。由于能够构建起直接用户参与市场的形式，汇率也会因各种参与者的加入而做出反应。

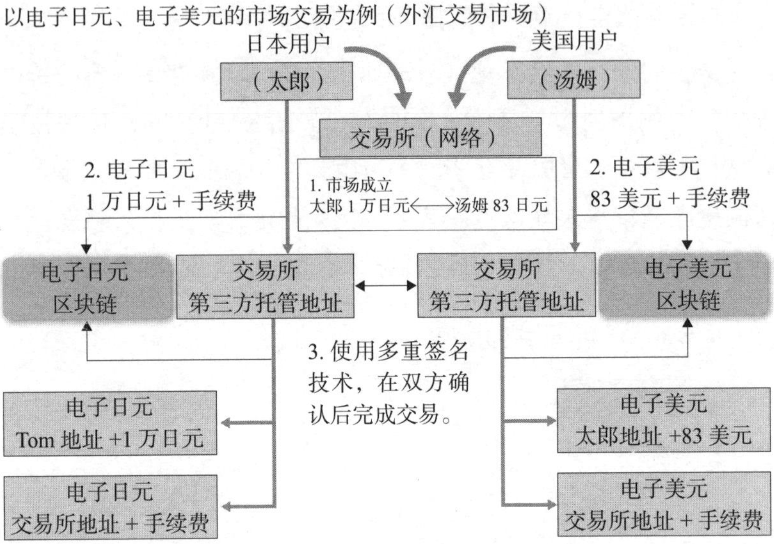

图 3–22　区块链在外汇交易市场的应用示例

金融领域的风险因素

将区块链引入金融领域时，除了需要考虑技术因素，还需要考虑以下因素。

资金结算时间的偏差

虽然我们通常认为区块链会较早地应用于资产转移，但当其应用于资金结算时，必须要实现法定货币的电子化，还需要花费一定的时间。这就有可能因资金结算时间的偏差而使结算风险增大。所以必须通过多重签名技术、第三方托管等技术来提高资金结算的速度。

数据修正的困难性

区块链中输入的数据所呈现的“正确性”正是其优点，但是在实际运用中，也会发生必须修改数据的情况。这时，并不是修正过去的一部分数据，而是将此交易重新输入。在只有自己才能管理的私有区块链中，虽然可以做到修正交易，但还是有必要事先做好恰当的规定。

从冲抵结算到全额交易

区块链的优点在于，个别交易能够立即被记录在数据库中，并以无法篡改的交易事实的形式保证其确定性，也就是说区块链能实时并全额处理个别交易，并具有不可逆性。

在目前的金融交易中，交易双方会通过在一定程度上累积交易并实行冲抵结算的方法来降低结算量和结算成本。尤其在中央银行的结算中，当发生大额结算时，即使出现了资金短路，银行也会通过承认赤字、更换结算顺序等方式来解决问题。

在应用区块链的情况下，像这样的结算“游戏”会慢慢消失，但反而有可能提高结算风险，因此有必要妥善准备以应对这种“游戏”。

快速化、交易量的扩大

应用区块链技术有可能大幅度缩短交割时间，实现几乎接近于实时交割。

另外，对于全世界的参与者来说，在互联网上进行的交易会变得更容易，同时金融交易的速度和交易量也发生了从未有过的增加，可能会导致系统性风险增大。

与法律执行力的关系

区块链技术天生适合构建起的所有权转移的基础设施，因此它能够将各种所有权进行小额分解，并在区块链上进行买卖和流通。如果使用电子货币的话，红利也会发送至区块链地址，并实现高效率处理。这不仅能够更好地实现以往的证券化效果，也能够实现各种所有权的流动。

但是，区块链上的记录是否是法律上所承认的所有权转移？由于很容易就能够实现跨境交易，那么如何确保执行力？我们需要对这些问题做出法律上的规定。

隐私问题

通过管理地址的所有者信息，就有可能在区块链上查阅到谁在什么时候和谁进行了怎样的交易。

可以查询虽然是区块链的一个优点，但也有可能发生不正当利用地址的所有者信息和一些隐私问题，甚至在基金中泄露出交易策略。另外，如果在国际交易中，查阅信息有可能引发政治问题。现在人们正在研发将交易地址隐藏并输入区块链的技术，但从反洗钱策略来看，将该技术应用于金融交易将会有诸多限制。我认为事先决定好地址的所有者信息或比特币的查阅范围，或者在政府、监管机关与用户之间设置好区块链查阅范围等措施是必要的。

金融领域应用区块链存在的困难

虽然区块链在金融领域中的灵活应用吸引了很多目光，但并不是说区块链能够应用于所有方面，也有一些很难适用的方面。尤其在信用风险管理方面，应用区块链的障碍就非常大。

由于区块链是交易执行和记录管理的系统，因此它可能适用于信贷交易的执行以及提高记录事务性效率，但是应用于信贷方的审查、拖延等事后管理方面就显得相当困难。信用风险是依靠“判断”确定。另外，由于与交易对象进行的调整和交涉等行为都不习惯使用电子化，因此虽然区块链能够应用于零售领域中那些能够适用大多数法则的交易，但是要以某种程度的规模应用于特殊性较强的批发交易则会变得相当困难。当然，这也只是目前的状况，未来通过与FinTech技术的结合，或许就实现区块链的应用。

区块链在金融领域中的应用效果以下。

信用风险管理

可能基本上没有应用的可能。担保风险发挥了区块链中所有权转移设施的强项，有可能实现效率的大幅提升。我认为区块链在降低信用风险方面还是有一些优点的。

流动性与结算风险

信息在多层次之间的传递越来越有效率，实现了即时传递，因此应用区块链的可能性很高，也可以降低风险。而其对交易的实时结算和全额交易的冲抵结算的作用却略显单薄，而且有可能增加风险。

操作风险

原本低效率的确认已经越来越有效率，这与风险大幅降低有一定的关系，这可以说是应用区块链最明显的效果。

系统风险

由于交易处理系统的构建变得轻松，因此可以参与进来的交易者和交易品种也逐渐增多。交易参与者能够轻松地在网上进行交易，因此用户数量将大幅增加。结算时间接近实时，交易规模和频率逐渐增大，因此系统风险有可能随之增加。

区块链引起了金融行业极大的关注，但从另一个角度看，这也说明了越来越多的人意识到了金融体系低效率的现状。

金融交易逐渐国际化，巨额的资金在全世界范围内高速流动。然而，支持流动的系统却与以前一样，几乎没有什么变化。在金融机构内部，存款、贷款、证券、担保管理、风险管理、客户属性、规章和制度以及对应的操作在各个系统中被单独处理。而且，个别金融机构的系统又连接了清算机构和中央银行等上层机构，还跨越不同的国家紧紧相连。以往的信息传递系统的持续使用让核对 / 确认操作的复杂性也在不断增强。加上雷曼事件之后，各种金融规章和制度逐渐出台，银行体系陷入了更混乱的状态中。

与金融机构的基础设施难以进一步发展的现状相比，在一般企业法人中，国际化发展、经营管理使用大笔现金、资金结算效率提高以及商业交易信息与结算信息实现一体化的新闻层出不穷。金融机构并未准备好应对这种局面。另外，国际汇款无论何时都需要花费巨额的手续费。随着社会信息化的进步，金融系统发展的滞后性也会逐渐变为阻碍。很多金融从业者虽然能够意识到这一情况，但要想使追求高稳定性和可信度的金融机构立刻放弃这个正在改善和进步的、在客户信赖下运作多年的现有系统而改用其他形式，可能是无法实现的。

区块链技术正在融入我们的生活。如果将其应用于金融体系，那么或许将打破现有金融体系的局限性。我们对此有很高的期待，但是具体该如何将区块链引入金融体系，以及如何改善低效率的系统等问题也只是刚刚开始探索。在这个过程中，也许有人会持怀疑态度，认为我们只会从中获得一个好处，那就是将公有区块链技术以私有形式运用于金融机构内部和各种联盟，从而代替记录数据的服务器以实现成本的降低。另外，如果要将区块链技术应用于金融设施，就必须进行全面的测试，而效果却可能无法立刻显现，研发也可能是一个长期过程。

在这期间，区块链技术作为所有权转移系统设施，当然也有可能在其他行业迅速普及。

然而，坚持使用现有的复杂金融设施也是有风险的。虽然可能需要花费一定的时间，但是我认为，区块链一定会逐渐应用于金融行业。

ブロックチェーンの衝撃

第4章 区块链对各行业的冲击

- 非金融领域应用区块链的可能性及相关问题
- 区块链与物联网（IoT）
- 区块链2.0计划

非金融领域应用区块链的可能性及相关问题

杉井靖典

CurrencyPort Limited 公司首席执行官

说起区块链，人们对它的印象往往停留在它是一项从以比特币为代表的加密货币领域发展起来的面向金融领域的技术。其实，当我们深入了解了其特征后就会发现，不仅仅是金融领域，区块链在其他领域也有着十分广泛的应用。

我们期待区块链在流通、权利、合约、监督、公证等各种领域的灵活应用，同时我们在全世界范围内开始开展了各种实证实验。一些比较有先驱性的项目已经将区块链导入实际服务，我们似乎能感觉到区块链应用正在慢慢开始。

我们将目光投向日本。2015 年下半年，猕迅、数字货币初创企业 Orb 等发布了私有区块链产品，各行业的实证实验和业务合作也不断地进入我们的视线。基于此背景，在面向商业的区块链中出现了发展私有链的热潮。但这只是世界范围内区块链多样性中的一种而已。为了解决某些商业问题，人们往往简单地开发并应用区块链技术，而我们必须要了解它的特征，才能做到在合适的场所应用合适的技术。

区块链的分类方法

我们提到了“私有链”这个说法，相对应地，也有“公有链”，即世界最早的区块链用例、目前在经济体系中流通规模最大的比特币。另外，在智能合约领域关注度很高的以太坊以及猕迅的产品都属于“公有链”。在区块链的发展过程中，如表 4-1 所示，几乎都是先有公有链，而私有链是为了满足某种商业目的而发展出来的。

表 4-1　公有区块链与私有区块链

公有区块链		私有区块链
Bitcoin	派生 ——→	多链 MultiChain
Ethereum	派生 ——→	Eris
	派生 ——→	HydraChain
NEW	派生 ——→	猕迅

在探讨公有区块链与私有区块链时，我们需要注意很多内容，尤其应当考虑私有指的是什么、具体在什么范围内应用等问题。比如在公有范围这一概念中就存在是否要求参与者的信用以及有没有权限控制等问题。

而且，在权限控制上存在着类似是否可以连接网络、能否得到区块确认、能否达成交易、是否可以执行合约等各种功能和权限，如果进一步考虑到由谁来实行权限的分配，那么分类将变得更加复杂。

◎从是否公开的角度：

- 公开（Public：不特定多数的参与）；
- 联盟（Consortium: 特定的组织 / 团体的参与）；
- 私有（Private: 单一组织 / 只允许团体的参与）。

◎从信用的角度：

- 无信用（Trustless: 不需要参与者之间的信任）；
- 有信用（Trusted：基于参与者之间的信任）。

◎从权限管理的角度

- 无许可（Permissionless：没有权限控制）；
- 可许可（Permissonable: 能够用权限控制）；
- 许可（Permissioned：有权限控制）。

如果按照上述分类，那么就可以将比特币视为以公开化、无信用且有条件的区块链为基础的系统。为了让区块链适用于商业，我们不仅要将这些要素进行组合，还必须对照业务的需求和目的选择最适合的区块链。

根据大致梳理，可以根据商业用途将区块链做以下分类。

B2C

在 B2C 的商业模式中，有可能实现面向不特定多数人的服务，而且在参与者之间所达成的共识也通常是光明正大的，不管有没有权限控制，都能适用“公开”范围中的“无信用”区块链。

B2B

在 B2B 的商业模式中，只允许那些即使意见不同但只要持有相同目的，并保持相互信赖的用户才能享受其服务，这一模式更适用基于“联盟”的“有信用”且能够进行权限控制的区块链。

另外，并不是只能选择一种类型，也并不是只要选择了其中一项类型就能够解决所有问题。当项目变得越来越庞大，人们将会更多地通过选择适合的区块链和分布式账本系统，并采取相互取长补短的形式来实现整体目标的项目设计模式。

区块链并不是一种能够取代数据库的技术。在管理操作账号和文件等业务的系统中，仅依靠区块链来运作的例子少之又少，一般情况下都采用区块链与传统的数据库进行合作，共同来处理业务。因此，在设计应用区块链的系统时，与熟知业务的人开展密切合作是必不可少的。如果工程师只熟悉其中一种区块链技术，可能就无法提出符合业务特征的、好的系统架构方案，因此，我们需要能够熟练掌握和运用各种区块链技术的人才。

商业领域所期待的区块链的灵活运用

当我们将区块链应用于商业时，我们常常将其与传统的关系型数据库和分布式数据库进行比较，但只要了解其特征，我们就会明白区块链是出于完全不同的目的设计的。

应用区块链的目的

在商业中应用区块链的目的有以下几个方面：

- 能够将价值作为电子数据发布；
- 能够有特定的用户持有和发布的价值；
- 持有的价值可以转移到其他用户的地址；
- 可以防止同一价值被多人使用和多次转移；
- 任何人都可以使用数学、密码学的方法来证明价值记录的正确性；
- 想要改写价值记录的内容是很困难的；
- 即使价值记录被篡改，它将自动变为无效。

了解了区块链的这些特性，我们就很容易理解区块链能够有效适用于哪些领域了。

期待应用区块链技术的领域

区块链技术将可能在以下领域中得以应用：

- 金融（银行、资金转移和有价证券的交易）；
- 流通 / 零售（物流、电子音像流通）；
- 取消第三方中介托管资金、有效降低风险的交易（如业务委托合约、房地产买卖和二手商品交易）；
- 预约型行业（如住宿设施、交通机构、医疗机构、学校设施和沙龙等）；
- 从量费用型行业和服务（如停车场、租车、租借会议室、租借金库、租借仓库、租借寄存箱、KTV 和运动健身房等）；
- 基于传感器网络和 IoT 的自动交费行业（如煤气、自来水、电气、通信、交通、农业、畜牧等）；
- 证明服务、工商注册、房地产注册（事实证明）。

接下来，我将举例说明区块链在除金融行业以外的哪些行业实现了有效应用。

区块链在流通领域的应用实例

我们需要对供应链中的商品原材料进行追踪，而且也要将业务的高效率和成本削减作为目标。

例 1：防止“无告知更换”的对策

零件供应商可能会基于个人判断，随意替换与订购方指定部件不同样式（只看一眼发现不了差别）的、成本较低的仿造品，我们需要防范这种风险，如图 4-1 所示。

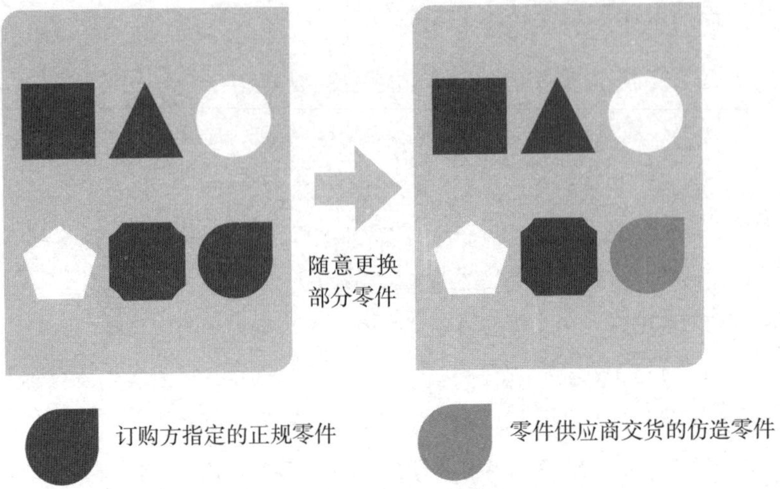

图 4-1　无告知更换

将只有正规合同商才能操作的、附有电子签名的收货单的哈希值记载在区块链上，以此作为收货检收的标准，这样既能够防止伪造收货单，也能够明确责任。

例 2：物流信息流的一致性和 SKU 管理

通过物品代币化和流通过程可视化，确保商品从生产者到消费者这一供应链过程中可被追踪：

1. 管理物理位置（物品在物理上位于何处）的标记（如某某港口某某号集装箱、某某仓库某某号架子）；

2. 管理逻辑位置（物品在逻辑上位于何处）的标记（如检查中、保管中、抵押中、分拣中、包装中、运输中等）；

3. 管理商品所有权（物品现在所有权属于谁）的标记（如生产商、物流公司、商店和消费者等）。

随着对供应链过程的掌握得越来越详细，我们也期待区块链能应用于其他方面。

例 3：贸易相关业务的智能合约化

在贸易业务中，从交易合约的签名、信用证的发送请求到通知、运单的交货支付等一系列服务都可以通过应用区块链和智能合约来实现自动化：

1. 出口公司和进口公司之间的交易合约的签署；

2. 进口公司→发行银行→买进银行→出口银行（信用证发行 – 第三方托管 – 通知）；

3. 船运公司装货，并出具从船运公司到出口公司的船运提单；

4. 出口公司→买进银行→发行银行→进口公司，同时处理船运提单和支付。

区块链与分布式账本系统的差别和共同点

分布式账本系统拥有与区块链比较相似的结构。分布式账本系统大多是由相对单纯的散列链组成，并且保持了其防篡改的特点，是一种通过在特定节点上达成共识的方式致力于形成高速运作的日志系统（记录系统）。这与区块链网络有所不同，它并不是将所有的交易记录发布到所有节点上。

我们认为，分布式账本和区块链这两者在意义和用途上还是有区别的，接下来我将介绍一下区块链与分布式账本系统的区分方法。

区块链与分布式账本系统的区分方法

区块链与分布式账本系统的区别以下：

- “分布式共识账本”：区块链；
- “分布式账本”：分布式分类账。

这只是我个人的观点，也有其他有识之士认为“区块链是分布式账本的一种”。

加入网络的不特定的多数节点互相确认交易情况，并不断累积形成区块链的方式自然在形成共识方面拥有很高的可靠性，同时由于在确认过程中需要花费一定的时间，因此也会产生适合的业务和不适合的业务：

- 运行低速且重视记录的真实性；
- 数量庞大且重视记录的快速性。

成功区分了不同账本系统的差异并加以灵活运用的实例就是公证通（Factom）。

公证通是基于将电子证明专业化的目的所构建的记录方式，为了处理大量的文件，它采用了被称为“记录块”和“目录块”的 2 层构造的高速分布式账本系统。因此，它的创造者精心设计了它的处理速度，并采取了在一定时间内固定于比特币区块链上的方式，具体如图 4-2 所示。

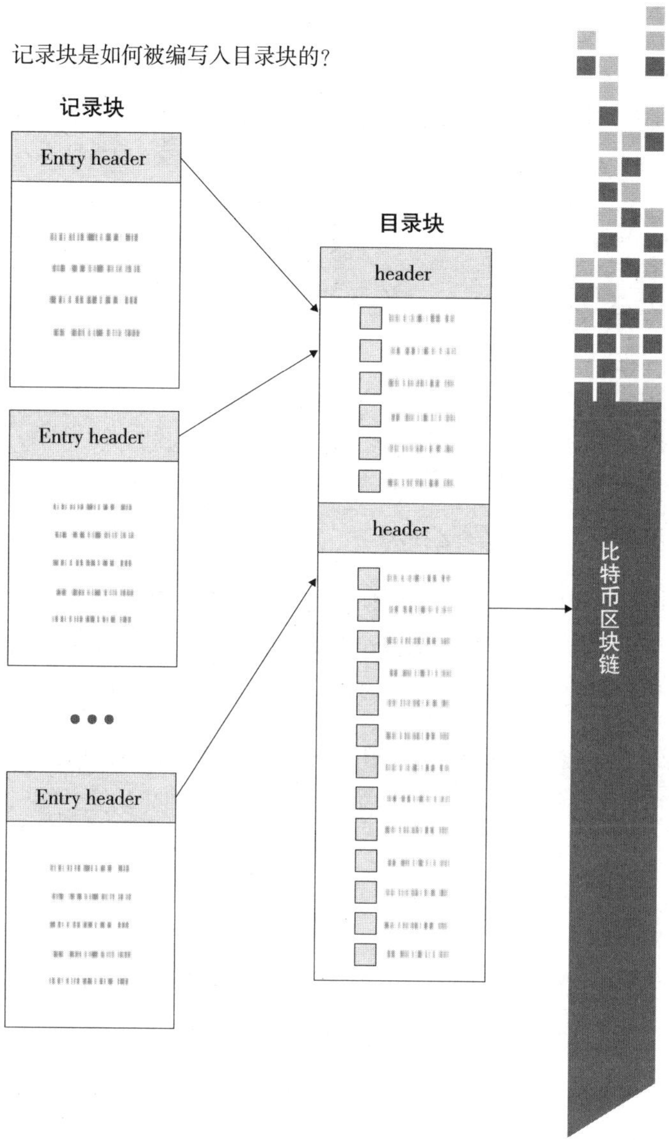

图 4-2　公证通（Factom）

来源：公证通白皮书

这种设计结构与日本国内所实施的电子签名法中的“电子签名与认证业务”的实际操作方式类似。公证通所做的事情就像是负责比特币公有链的部门所采取的“定期在大众媒体发布散列值”的行为。但这一方式要想在日本国内被认可，恐怕还需要更多的努力。至于需要怎么样的努力，我们将在后文介绍。

区块链技术能应用于企业事务吗

至今为止，我们已经接触到了各种适用于区块链的领域，但这一技术究竟能不能应用于企业事务中呢？我们不得不承认，区块链技术目前还有很多不成熟之处，很多项目也都处于研发中，预计还需要一段时间来验证。

但不可否认的是，区块链是全世界的研究者和高科技企业激烈竞争的领域。由于技术在不断发展，因此在不久的将来，我们相信问题会慢慢被解决，区块链也会应用于企业事务中。

但是，目前区块链技术中仍有几个亟待解决的问题，比如有关时间、数据保存场所、法律证据有效性、交易的最终确定性以及小额交易等问题。

有关时间的问题

构建在分布式网络上的区块链是使用带有时间戳的电子签名来运行的，但有趣的是区块链实际却不擅长确认时间。

区块链上使用时间戳的基础是参与者进行的交易以及区块确认者的申报。记录在同一区块内的多笔交易的时间如果非常接近的话，虽然可以说大致是值得信任的，但是其是否具有法律证据的效力恐怕还有待考证。

对于这个问题，人们想出了几个解决办法。比如开发一种新的区块链，在这个区块链中，特定参与者负责时间发布的确认，其签名而成的时间戳等必需要素应写入协议，或者是在以往的区块链协议中增加这样的时间戳内容，或许可以用扩展区块链的形式来解决时间问题。大部分区块链开发者虽然并不看好“必须相信某些特定参与者”的模式，但在有关时间的问题方面，几乎没有人能说出伪造世界协议时间的一点优点，因此这可能是最容易得到共识的提案了。

另外，并不是所有的区块链都需要保持严格准确的时间，能确保时间的区块链只要存在一处，就能通过将散列值固定在该区块链上的办法来实现正确时间的关联性操作。在区块链上，能够正确并稳定地操作时间具有重要意义。一旦这样的技术被确定下来，所有的电子文件就能轻松且低成本地应用附带有时间戳的电子签名。

数据保存场所的问题

数据保存场所是在区块链的应用中，尤其是在应用于电子数据的存在证明功能和审计证明领域中经常出现的问题。

运用区块链的项目经常被拿来与分布式数据库相比较，因此持有“如果不把所有的数据都记录在区块链上，那么就会毫无意义”的观点的人也不在少数。但是，记录在区块链上的数据由于是追记型的，可以永久地不被删除，上传至所有的网络节点上，因此肯定受到网络和存储器的空间限制。

因此，源文件不直接放在区块链上，而是放在其他数据库（数据保存场所）中，区块链上的交易信息中只记录了源文件的参照信息和哈希值，这也成了通用性的具有效率的最佳实践。另外在上述情况下，参照用的源文件的存储位置问题也成了一个引起争议的话题。

对于这个问题有一个相对简单的回答，那就是在某处准备一个适当的服务器，同时就可以把源文件放置于该处。因为已经在区块链上记录好了源文件的参照信息和哈希值，所以就可以在交易完成的时点确认该源文件的真实存在性。这表面上看起来非常完美，但如果数据保存场所丢失了原始源文件的话，就无法进行数据恢复。

为了防止上述情况出现，接下来需要思考的事情就是“分布式存储器”与区块链的并用。分布式存储器中有各种各样的实践，其中有一项技术与区块链的契合度很高，被称为“加密分布式存储”。

加密分布式存储技术中最具有标志性的实用例子，就是基于与区块链的电子文件的存在证明（Proof of Existence）合作的目的而开发的平台 Storj。这个平台的运行方式是将数据进行碎片化和加密化，通过在多个节点上的分布式保管来保持其冗长化、加密化并实现高实用性的优点，因此，2014 年实施的基于比特币的云销售成为业界的一大话题。

但实际上这个概念并不是初次出现，早在 2009 年，日本国内就已经出现了拥有这种优秀特性的被称为 S*Plex3[①] 的加密分布式存储技术的先进实例。

① S*Plex3 实现了 3 个 S 的云存储服务，这 3 个 S 分别是安全性（Security）、耐灾害性（Survivability）和扩展性（Scalability）

这项技术在 Storj 平台上实现数据碎片性、加密性和分布式保管的基础上又增加了能应用于电子卫星广播和通信服务领域的丢包恢复编码技术，因此即使在通信过程中丢失了 30% 左右的数据，也能从原来的源文件中恢复数据。根据提供这项服务的公司的资料显示，这项技术适用于个人信息、医疗信息（地方医疗合作和居家医疗合作）、金融合同信息、出版、设计图等工作。实际上，除了上述例子之外，也已经存在其他领域的加密分布式存储服务的应用实例。

如果将这种先进的存储服务与区块链技术相结合，应当能够为我们展现一个非常生动有趣的世界。但是遗憾的是，能够提供这项服务的企业似乎并没有真正接触过区块链技术。在这里，我虽然使用了“数据保存场所的问题”这样的小标题，实际上或许可以说这是“区块链与现存技术的匹配问题”。

有关法律证据能力的问题

这一观点是在解决了上述“有关时间的问题”和“数据保存场所的问题”的基础上，在终于能够运用“电子数据的存在证明”功能的时候所出现的有关法律诠释的问题。我在前文中提及了公证通的运行方式与电子签名、认证操作中的实际运行方式相似。但实际上，在日本的法律框架下，能不能获得这样的法律证据能力又是另一个问题。

从正面来看，除了在日刊报纸和官方媒体中登载代表性散列值的方式，还需要在区块链上记录方法和法律条文信息，并运用指导准则来进行确认。但是由于前文所提及的时间问题的模糊性，因此解决这一问题也相当困难。

正是由于这项技术能够实现基于区块链的附有低成本时间戳的电子签名，我们才会更加期待产生新的技术革新。但另一方面，还存在着可能马上就能实现的技术，比如通过“巧妙利用以往的时间戳服务，间接地将代表性哈希值刊登在日刊报纸上”的方法，就有可能成为其替代技术。

具体来说，像公证通一样在单纯的哈希值链上生成高速运行的用于记录的账本系统，另一方面还要生成包含时间戳的区块，该时间戳上附有时间认证业务的参与者和时间发布业务的参与者的签名，最后需要将此散列值固定在像比特币的区块链等公有区块链上。通过这样的方法，被记录下来的电子数据也会间接地记载于日刊报纸上，我认为或许可以据此来主张法律证据能力。

如果这一设想得以实现，那么现在每一个时间戳需要花费的8~10日元就可以减少到1日元左右，同时时间戳也能轻松地在手机拍摄的发票等票据上进行操作。因此，我们认为这对于电子账本保存方法的推进具有巨大的作用。

交易的最终确定性问题

区块链的一个致命缺点就是无法明确定义交易最终得到确定的时间点。

在区块链中，新的区块会连接在既有区块上，当得到确认时其中的交易就很难篡改，这是区块链所拥有的数据结构化特点。比如在比特币的区块链上，要达到“确认这次的交易已经确定”的程度至少需要进行1次区块确认，而要达到再也无法被推翻的程度则最好要经历3~6次区块确认过程。

虽然确认好的内容被颠覆的可能性无限接近于零，但从概率论而言，无论如何这一可能性都不能完全等于零，也就是说对于何时交易被确定这一问题的答案依旧不明朗。在实际情况中，比起确认好的内容被推翻的可能性不能完全为零的问题，人们更容易关注交易确认的时间点不够明确的问题，随着交易金额规模越来越大，“交易何时才算建立”的分界线在商业上尤为重要。

关于探索该问题答案的区块链应用实例之一就是 ORB 项目。ORB 采取的方法是，在 ORB 中被称为“超节点”且拥有最终确定性的认可权利的节点，将确认好的区块的确定性记录在区块链上，凭借这一标记来实现最终确定性。

但是由于这种方法将最终确定性的权限授予了其中一个节点，而牺牲了区块链的实用性优点，开发者本人也认为这是“一种偏离去中心化的行为”，因此这并不是根本性的解决方法。

遗憾的是，这个问题至今都未能找到明确的解决对策。如果在 B2B 电子商务的商业用途中基于用户双方的合约提前达成有关交易确定的时间点的共识的话，应当在一定程度上改善这个问题。

极小的价值交换的问题

这主要是在证券行业、流通领域、贸易行业的区块链应用中经常被指出的问题。这一问题就是基于付款交割的方式，如何实现在同一交易中发行代币（比如证券）和货款支付同时完成。在这一问题中，主要包含以下两个需要明确的主题：

1. 电子法定货币的发行和支付；
2. 在一笔交易中，同时交易多笔不同资产的方法。

首先关于第一个主题，如果在密码货币的世界里，它的价值或许可以以现货的形式表现出来，因此不至于成为问题。但在现实世界中，只有当法定货币发行之后才能进行结算（支付）。这无论是从信用角度还是从法律角度来看，仅仅凭借我们这样的初创企业来解决这个问题是非常困难的。但在日本国内，日本银行也在公开论坛上展现了对区块链研究的积极姿态，我们相信并期待着在不久的将来，包括全世界的中央银行在内，都能拥有世界法定货币的发行权。

关于第二个主题，虽然目前处于努力研究的过程中，但同时交易互不相同的资产的操作，与将多笔交易置于一个事务中处理这一操作相比，更具有实现的可能性。但是，为了更好地阐释这个问题，就有必要清楚区块链与以往的数据库操作是如何兼容以及它们之间的差异性。

在以往传统型的数据库中，由于负责数据库操作的管理员清楚地负责运行事务，人们也就能够确定某一笔交易在哪个时间点被确认。

另一方面，区块链上的交易出于前文所提及的最终确定性问题的原因，其时间点也不是很明确，但是随着时间的推移也会变成“结果上能够明确那些极小的（个别的）交易完成的情况”的缓慢过程。

因此，区块链虽然不适用于快速且高频率的交易，但基于“防止交易者某一方违约”的本质目的，或许它适用于确保交易过程顺利且保证其真实性。在这里，我并不是反复在强调一切都可以通过区块链来实现，而是认为在了解区块链技术特性的过程中，区块链技术应当与以往传统的系统友好共存，分工合作。

哪种区块链技术更具人气

最后，我将围绕人们在各个商业项目中会更倾向于选择哪种区块链技术的问题，带有独断与偏见地进行以下梳理。

第一，在发行内部货币和促销类代币的各种类型中，基于比特币基础发行的彩色币更具人气。

B2C 的内部货币和企业发行的票券或印戳，由于是在公有区块链基础之上发行的代币，因此具有一定的意义，这或许可以成为我们的一项选择。具体而言，关于开放资产和交易对手的两个实际例子就是有力的证明。另一方面，出于票券或印戳为目的来思考的话，由于包含在比特币交易中的最低限度的手续费会意外地高，因此通过使用闪电网络等技术，也能够有效地降低其成本。

第二，在金融和证券领域中，从以太坊派生出来的 Eris、HydraChain 等私有区块链更具人气。

金融机构似乎更倾向于尝试联盟型的区块链。以太坊被选中的原因大概就是因为人们有强烈的愿望想知道智能合约是否适用于各项业务。从另一方面来说，似乎人们对于面向 B2C 模式的公有区块链的应用还没有采取积极的措施。

第三，在供应链溯源领域，全新的区块链平台 NEM 更具有人气。

基于有必要对一个物体的多个属性和状态进行管理以及非常有必要在全世界推广这两个条件，我们可以推断出这一领域更倾向于公有链模型。我认为，尤其是作为 NEM 的特征之一的 Mosaic Style • Namespace 的概念很适用于持有分层构造的属性管理。

正如本文一开始所论述的那样，区块链的应用实例有很多，从中选择出符合自己项目目的的一种需要一定的经验和诀窍，但是只要试着去体验几种组合的实例，就能够大致清楚它的模式和关键点。我所在的公司为了应对这样的状况，将开发研究区块链的队伍做了以下的分类：

- 以比特币的公有链和在同一协议下开展的彩色币为中心的代币生态系统的研究开发队伍；
- 在以太坊的公有链和衍生的非公有链的 Eris、HydraChain 上，以智能合约为中心的研究开发队伍；
- 挑战新兴区块链领域的研究开发队伍。

设置这样的分类并没有什么特别的理由，只是在发展实践过程中自然而然地形成了这样的队伍。最终，哪一项区块链技术将幸存下来，目前还无法判断。如果未来也继续保持这样的队伍分类的话，那么预测也依旧得不到答案。这就说明区块链技术在迅速地进化，而我们为了应对这样的变化也需要日日奋斗，不可气馁。

区块链与物联网（IoT）

栗元宪一
Nayuta 公司董事长

最近，将区块链技术应用于货币之外的行业领域的趋势日趋明显。在这里，我想要考察一下迄今为止计算机体系结构的变迁，以及在物联网（IoT）时代，区块链的出现将给这种体系带来多大程度的影响。

对于区块链是什么这一问题，每个人心中都有不同的答案。只要没有特殊说明，本文中所提及的区块链是指比特币或者以太坊等公有区块链。另外，本文将重点关注能通过互联网在各设备ID之间安全地进行价值交换的系统、不属于个人（不属于组织）的公开数据库、成为各设备ID之间安全通信契机的密码系统等特性。

计算机结构的变迁与物联网

在计算机体系结构的变迁过程中，最初出现在我们视野中的是处理器，如图4–3所示。随着处理器的出现，将处理内容以软件形式来运行，在必要时进行更新的计算机的概念也开始商业化。同时，通过与半导体技术的紧密结合，计算机呈现出体积小、性能高的特征。另外，根据摩尔定律，处理时间也大大缩短，计算机朝着性能改善的方向不断发展。为了跟上生产技术的进步，如图4–4所示，流水线、高速缓存存储器、协处理器等各种各样的发明也同时出现。这些发明在单位时间内增加可处理指令方面做出了巨大的贡献。

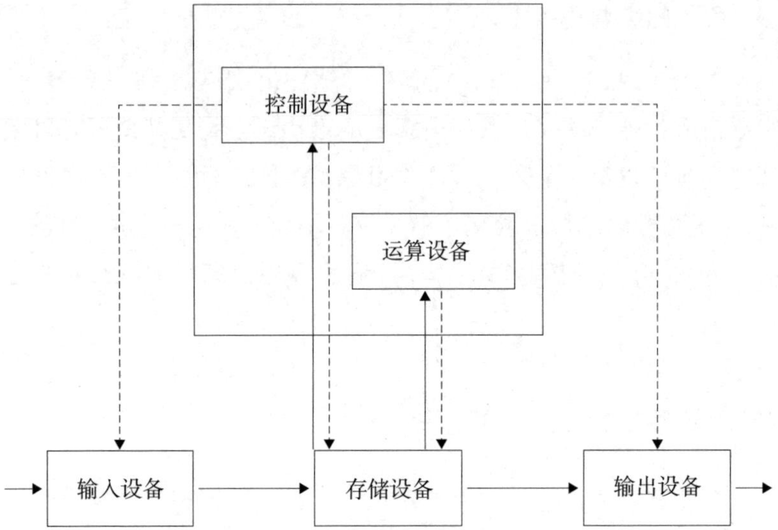

图 4-3　处理器

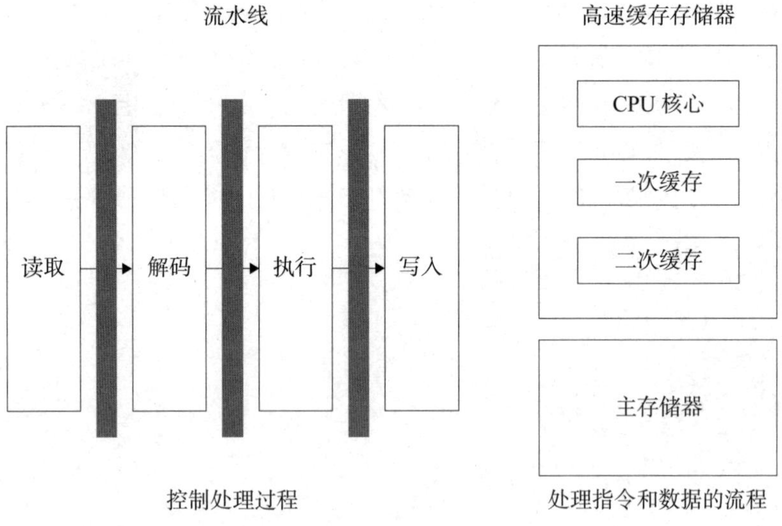

图 4-4　计算机的演进

之后，基于无法解决单核芯的发热问题，又出现了能在一个半导体搭载多个核芯的多核技术。在这里，所有的处理都为了保持兼容性而采用了各式各样的技术。

互联网的发展同时也给计算机体系结构带来了很大的影响。现在大多数的应用都是基于设备端与互联网的连接而被开发出来的，这也正说明了以上观点。随着云技术的发展，客户端应用互联网在地理上相对分散性，而使开发者掌握有限的复杂程度，因此就有可能进行云端项目开发，使那些项目看起来完全是在同一台计算机上编写的一样，如图 4–5 所示。但实际的情况是，极其复杂的数据会通过多台计算机（或处于多个地方）来运行。

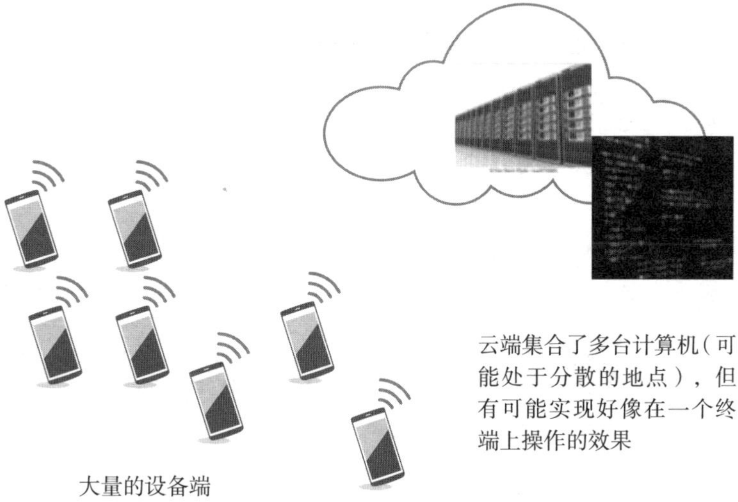

图 4–5　以互联网通信为前提的应用

在发展迅速的计算机结构变迁中，现在被称为物联网（IoT）的连接多个物品和传感器的应用开发正在火热进行中。在物联网领域，大量传感器的信息被上传至云端，通过大数据解析将有益的反馈提供给用户，这在很大程度上提高了生活的便利性，而以此为目标的应用也正在开发中。

而实际上，进行物联网开发仍然存在着很大的问题。在互联网上，为了将必要的数据在必要的时间点从各设备上收集起来并解析，这将会导致整个系统变得规模庞大而且复杂。开发者在设计时为了防止复杂化，在硬件、数据结构和网络架构上并没有过于细致，而只是进行了各种抽象化操作。但尽管如此，物联网开发实现整合性仍然非常困难。

目前在开发物联网时，虽然有很多系统收集传感器信息，从大数据中抽出必要的信息给用户看，但未来，这些系统不仅仅为用户提供这些数据，还将根据数据解析结果来影响其他设备的操作。我们可以想象，随之联动的应用将会越来越多，具体如图 4-6 所示。

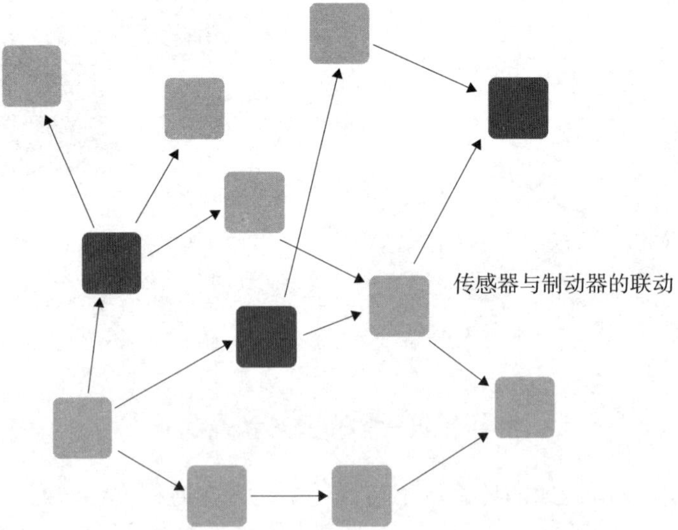

图 4-6　多个设备之间的合作

区块链与物联网

由于物联网系统的复杂化，很多人对此提出了很多简化方案，其中 IBM 公司提出了基于区块链技术的“设备民主”(Device Democracy）的方案。正如前文所述，复杂的物联网系统的设计中存在以下问题：

- 由于设施长时间使用，商业模式的设计和评估将会变得非常困难；
- 安全性问题；
- 设计出能提供优良体验和价值的设备的连接结构难度较高。

区块链作为设备间安全通信的桥梁而被应用。现在，依靠云端来控制多个设备端的开发方式是比较多的，但通过使用区块链，保存数据的存储器就能够成为等同于其他终端设备的设备。因此，云端支配下的设备就会变得更加自由，也就是所谓的“设备民主”方案。

当然，如果应用区块链能够实现设备之间的支付，同时独立的设备各自拥有商业功能，我认为还可以在以下几个方面挖掘区块链的潜力：

- 设备持有者之间能够通过加密的安全通信而自由联络；
- 设备单体拥有商业功能并能从云端支配上独立，因此有可能与其他公司的设备结合形成新的商业服务。尤其是为了消除落实新服务方案的障碍，会致力于更多的创新实践；
- 设备单体的商业功能实现程序化，就能够产生各种各样长尾的投资回报方案。

通过使用不属于任何人的公有区块链，各设备无论是在系统设计上还是在商业上都能够成为真实的部件。因此，如图 4-7 所展现的那样，部件的组合重构能够产生新的商业模式。

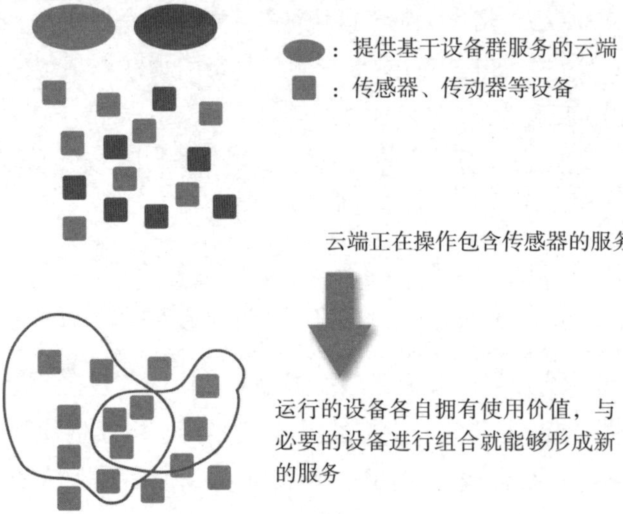

图 4-7　云端可独立支配设备

另一方面，在设备民主化的概念下，由于公有区块链还需要解决各种类型的问题（如可拓展性等），因此我认为还需要很长时间，区块链才能真正应用于物联网。预计物联网将连接起远远超过人口总数的海量设备，因此也有人怀疑物联网的耐用性和成本问题。挖矿的集中化或许会成为设备民主化的本质问题。

另外，在使用公有区块链时，比如由于比特币需要 10 分钟的全程时间，因此有人指出这并不适用于对即时性有要求的物联网。但是全程时间是各设备之间为了形成共识而必须经历的环节，通过对合约共识的准确定义，还能实现交易的链下发送。

在物联网网络中，对收集数据的解析结果还可以用来操作其他物联网设备。比如在复杂的物联网中，很有可能实现的是，比特币交易将会依据协议启动其他设备。

这体现了一种新的世界观：在全球化的物联网网络中充满着如比特币一样的虚拟货币协议。少量的金钱在网络上纵横来往，各种设备就会随之运转。在这种世界观中，私人企业发行的“金钱”是否可以使用？与上述问题类似，除了企业领域可解决的问题之外，一定还存在着很多物联网必须要去解决的问题。

现在，在比特币区块链基础上创新开发其他区块链（侧链）的大胆尝试也在进行中。另外，人们也开始探索应用比特币区块链来构建私人企业的客户服务器型的积分系统，以及开发结合了公有链与私有链的系统。我们无法预测区块链最终将以什么样的形式存在，但我们能够想象未来虚拟货币协议将遍布全世界的物联网，而这样的未来将基于公有区块链的伟大挑战来开启。

区块链 2.0 计划

东晃慈

独立广场公司合伙人，Koinup 有限公司代表

区块链技术在货币以外领域的应用一般被我们称为“比特币 2.0”或者“区块链 2.0”。虽然这一用语在业内还未被明确定义，但至少我们能确定这个定义指的不是区块链技术本身，而大多指基于比特币概念的一揽子方案。

原本比特币就是在不存在特定的管理者、不能操作双重汇款（双花问题）、事先规定好总供给量等货币应用协议基础上构建出来的。在比特币基础上设计出来的区块链构造中，其防篡改、抗审查等特点也有可能应用于货币之外的领域，或许可能实现减少人为失误、自动化带来的成本削减、防止不正当行为以及提高透明性等优点。

本文将重点介绍基于区块链技术的优点的“区块链 2.0”的主要范畴和具有代表性的相关项目。虽然很多项目仍处于协议和实证实验的阶段，但还是希望读者能通过了解多领域的应用，感受到哪怕极小一部分的区块链 2.0 的潜力。

区块链 2.0 的基础设施解决方案

区块链 2.0 的很多项目都是从多个协议中选出能够加以利用的一部分，从而作为一种基础设施来被广泛使用的。这主要可以分为应用比特币的区块链和单独应用的区块链两类。

在基于比特币的区块链的基础设施协议中，被称为 2.0 的具有代表性的是彩色币（如 Colu、Open Assets 等）和合约币。最具安全性和高性能的比特币区块链由于能够实现代币的发行和智能合约的执行，因此这类区块链非常适合于重视数据无法篡改、高价值权利转移的安全性的项目。

另一方面，也有人将比特币区块链的速度、成本和扩展性等视为痛点，而在单独的区块链上开发出各种各样极富可能性的 2.0 项目，其中具有代表性的就是以太坊。比起比特币区块链，以太坊被视为处理速度更快、成本更便宜、更具扩展性（多种类型的合约都有可能在以太坊上完成）的平台。我们也特别期待它应用于物联网等领域。

另外，基于侧链技术的 Rootstock 等平台也逐渐出现在人们的视野中，而且，像以太坊一样想要通过智能合约和比特币的安全性来进一步实现更高性能的协议也开始出现。

彩色币

通过在比特币交易上“添加颜色”就能够发行代表区块链上各种权利的代币。例如，将彩色币（如 Colu、Open Assets 等）与物联网相结合，或许就能够实现只有特定的代币持有人才能使用的电子设备和智能锁屏功能、数字内容知识产权的保管和让渡等。

合约币

合约币是基于比特币区块链的扩展型协议，它实现了区块链上简单的独立代币的发行以及去中心化的点对点分布式交易所的功能。合约币目前已经开始运作，而且拥有被大量用户使用的实际成果。另外，开发者曾公开表示，通过复制以太坊的开放源代码，将来就有可能使用比特币区块链来实现与以太坊同样的智能合约功能。

以太坊

以太坊是拥有独立的区块链、使用图灵完备（拥有与算法理论中万能计算的图灵机同等的计算能力）的编程语言，能够创造出各种不同类型的分布式应用的智能合约平台（将在第 5 章具体介绍）。在物联网的应用中，IBM 等企业已经开始研究以太坊，微软公司也已经发表了基于以太坊的“区块链即服务（Blockchain as a Service）”的设想和理念。可以说，以太坊作为区块链 2.0 的平台受到了很高的关注。

区块链 2.0 在有价证券上的应用

通过将股票或债券作为区块链上的代币（货币）来发行，既能够缩短交易确认的时间，也能够排除交易方的破产风险，从而实现安全的点对点交易。另外，我们也期待能够通过使用智能合约实现红利结算的自动化、降低失误或不正当行为带来的风险以及大幅度的成本削减等效果。这一领域已经有纳斯达克这样的大企业参与，日本的野村证券也表明了将要进行实证实验的态度。可以说，这是最能够引起现有金融机构关注的一个区块链领域。

纳斯达克 Linq（Nasdaq Linq）

将非上市股票作为区块链上的代币来发行，在权利的转移和交易中，旨在减少发生人工失误和不正当行为的风险，从而实现更加安全的股票交易。

TØ

通过在区块链上发行和交易股票、债券，原本需要花费数日的支付（支付时实际交换货币）可以提速至 1 小时之内。主导这一项目的 Overstock 公司已经获得了在区块链上发行债券的法律许可，并已经开始开展交易活动。

Symbiont

不仅能够在区块链上发行股票和债券并开展交易，还能够作为智能证券（与智能合约结合）来发行，旨在实现在区块链上的自动化红利配送、到期债务支付等操作以及降低成本等目标。

区块链 2.0 在公证人服务方面的应用

如果在无法篡改的区块链上通过使用密码技术记录土地登记、机密文件等权利和个人信息，那么即使不通过国家或者企业等信赖的第三方机关，也能够证明特定的权利与数据的存在。同时，区块链上的权利转移不会遗漏任何数据的变更记录，可以实现彻底的追踪功能。我认为，这可以有效改善政府、企业中频繁发生的记录被篡改以及由管理机关的失误所造成的记录丢失等现象。另外，还有些项目尝试通过将同样的构造应用于侧链来确认商品的真伪，使流通的过程透明化并实现追踪的简单化。

公证通

将文件或者土地登记记录等哈希值快速且低成本地记录在经公证通的公证服务设置的联合区块链上。之后，将这些记录汇总为一个哈希值，通过每 10 分钟记录一次并固定在比特币区块链上来发挥比特币强大的无法篡改性和持久性。

Uproov

作为手机应用，能够将图片、视频等哈希值简单地记录在比特币区块链上，也能够判断数据的真伪性。

区块链 2.0 在预测市场方面的应用

预测市场是指利用赌局中想要获胜的人的心理，在市场原理的基础上对未来发生的各种事情做出事前预测。我们知道已经有例如提前预测总统选举结果等中央集权型的服务，而通过应用区块链技术，或许就可以实现具有抗审查特性的分布式预测。由于设赌庄家的不正当行为以及来自政府的规章和制度、检查、封锁等行为使得参与预测市场更加困难，我们期待着能通过密码代币化设计，使对未来市场的预测更加具有自律性和正确性。

Augur

被称为 REP（Reputation 的简称）的代币持有者通过遵循一定的规则筛选并汇报现实世界中发生的各种事情，从而将汇报者（预言）分散化，形成分布式的预测市场。这不仅仅是一种赌博，还有望应用于气候的相关金融衍生产品、保险的相关金融衍生产品中去。在 Augur 的设计中，不仅是市场生产者（提出问题者），事实的汇报者也会持有 REP。激励机制将存在于所有类型的网络参与者中。

区块链 2.0 在注意力经济中的应用

Facebook 等互联网社交网站一般采用的是将用户的个人信息提供给广告商从而实现盈利的模式。而与此相对地，不是将用户的个人信息、时间和注意力等作为平台的收益，而是像用户直接支付代币（密码货币）的模式。这使得个人数据被密码化，并且不会在平台上公开，这比现有的服务更加注重保护个人隐私，在激励网络参与者（用户）等方面更具优势。

GetGems

GetGems 是在基于 Telegram 的端对端密码化的开源型通信应用上，编入了支持比特币和固有代币 Gemz 的钱包功能。这不仅仅能在社交聊天内完成简单的汇款，而且如果用户选择接收 Gemz 或者来自广告商的广告的话，就可以以 Gemz 的形式进行支付。

Synereo

用一句话来概括，Synereo 就是分布式的 Facebook。个人信息在客户一侧实现密码化，同时也不会在平台一侧被泄露。根据活跃度、好友数量以及兴趣爱好等指标对用户进行打分和分类，广告商可以通过在 Amp 平台上支付密码货币来获得用户的注意。

区块链 2.0 在共享经济中的应用

目前，民宿、共享乘车（汽车合乘）等提供剩余资源并实现有效利用的共享经济已经得到了人们的关注，我们也期待能够通过使用区块链技术来构筑分布式的共享经济服务。通过平台上代币的激励形成不存在中央服务提供者的网络，并且能自律地持久运行，同时对法律法规有一定的耐受性的共享经济平台也开始出现。

LaZooz

用一句话来概括，LaZooz 就是分布式的优步（Uber）。乘车共享的服务提供者可以按照协议支付 Zooz 代币，乘客可以通过使用 Zooz 接受乘车共享的服务。由于是分布式网络，或许可以避免来自出租车行业的诉讼风险。

Storj

这是一个分布式的云系统存储空间。用户通过将硬盘驱动器的空余容量提供至 Storj 的云端网络，就能够从用户处接收被称为 SJCX 的代币。保存在 Storj 上的文件是加密的，只有文件持有者才拥有密钥，这比 Dropbox 等中央集权型云端存储服务更具安全性和隐私性，而且在价格方面也更具优势。

区块链 2.0 在身份证明方面的应用

通过将个人信息或身份证明（个人的属性、特性等）记录在区块链上，那么无法从政府获得身份证明的人以及失去国家颁发的身份证明的难民就可以不依靠国家机关而证明其固有的无法被篡改的身份。

另外，通过在区块链上确认身份，或许能够实现通过认证身份并且不需要密码就可以使用各种网上服务的目的。

比特国

比特国（Bitnation）是以难民或者那些没有持有其国家正式身份证明的人为对象，旨在在区块链上获得国家提供的社会保障等。另外，还为难民提供比特币借记卡，以及为那些无法证明身份、无法开设银行账户的人们提供服务。

One Name

通过在比特币区块链上记录固有的用户名（ID），就能够利用网上的身份证明提供服务。同时还能够将区块链上的 ID 与各种社交网络相连，实现区块链的信息源的证明和确认。另外，也可以通过使用区块链上的 ID 提供各种无密码登录网络的服务。

区块链 2.0 在游戏行业的应用

在游戏内部发行独立的货币、积分、硬币等已经很普遍，而将游戏内的货币作为区块链上的代币来发行就有可能将这一价值带至游戏外，并通过比特币来换取现金。

不仅如此，通过将游戏内的项目进行区块链上的代币化，就能够在区块链上实现用户之间的游戏项目交易，甚至能够将某些特定的游戏项目引入其他游戏。另外，还可以利用区块链的透明性制作出具有创新性的优质游戏项目。

Spells of Genesis

通过实现游戏内项目在区块链上的代币化，就有可能在消除交易方破产风险的基础上实现用户之间直接的游戏项目交易和兑现。另外，由于能够让用户在区块链上确认设备的发行数量，因此就能够以高透明度、公平公正的形式证明各项目，也能够公开平台方持有的项目数量等信息。

说起“比特币”，人们往往会想到它是一种金融技术。但是，比特币以及其他的密码货币原本只是为了维持分布式网络、激励网络参与者的一种机制。因此，比特币网络以及区块链技术的无法篡改性、抗审查性、透明性等特征能够广泛应用于非货币领域。

区块链 2.0 还只停留在概念上，大多数应用都处于实证实验阶段，它与比特币和区块链等相比，成熟度还相对较低。美国、欧洲和以色列等国已经开始对这一领域表现出高度的关注，甚至有不少专家提出了“比特币和区块链对各行业的渗透将从 2.0 时代开始”的见解。

比特币之所以多被拿来与互联网做比较，那是因为它能够在公开的没有权限控制的协议上提供货币领域以外的各种服务。未来，我相信，在全世界创业者和开发者的努力下，这项技术将会创造出当下无法想象的前所未有的应用和服务。

ブロックチェーンの衝撃

第5章 新生平台

■ 智能合约平台——以太坊

■ NEM：区块链技术的新架构

智能合约平台——以太坊

佐藤智阳

智能合约日本株式会社创立者

以太坊是一个旨在还原互联网本来面貌的去中心化应用平台。在以太坊上运作的各种应用不会出现“故障”，也不会发生检查中、第三方的不公正行为。这里的项目基本上能够保证它能够正确且切实地执行。听起来像是非常梦幻的平台，那么使用以太坊究竟能够做什么呢？如何才能实现以太坊的功能呢？本文将对以太坊的概要、实现分布式技术以及预想中的应用进行讲解。

让我们先来回顾历史。2013 年，一位名叫维塔利克·布特林（Vitalik Buterin）的人写下了“以太坊白皮书”，以太坊进入了我们的视线。2014 年年初，加文·伍德（Gavin Wood）发表了以太坊虚拟机技术的黄皮书。接着在 2014 年 6 月，开始进行比特币与以太坊的区块链上使用的代币“以太”之间的兑换的 ICO 活动。持续 42 天的 ICO 活动募集了相当于 18 亿日元的比特币。

以太坊的正式测试版 Frontier 的发布是在 2015 年 6 月。虽然 2014 年就已经公开宣告了，但最终还是推迟了半年。Frontier 是以太坊的正式测试版，而正如官网上所公示的网络安全问题那样，它主要着眼于运用以太坊网络、确认安全性时突破安全漏洞这一方面。

同时在 Frontier 上能够进行很多以太坊上的假设操作，比如基于以太坊的实际的智能合约的执行、挖矿活动以及以太的收发等。2017年年初开始进行了不需要挖矿的以太坊的POS算法应用，并且从现行的POW过渡后，将进行正式的发布。

以太坊是什么

维塔利克·布特林在《以太坊白皮书》中对以太坊做了以下说明。

> 以太坊能够编写任何一种合约，其目的在于为用户提供一种可转换状态的图灵完备（拥有与算法理论中万能计算的图灵机同等的计算能力）的编程语言基础上的区块链。用户可以通过编程，就能够制作出连我们都无法想象的系统。

以太坊最大的特点就是被称为“智能合约”的概念。根据图灵完备的编程语言而书写的智能合约能够在区块链上自由地更换状态。

操作智能合约时有以下三个必要的步骤：

- 写编码；
- 保存在区块链上；
- 发送信息、函数调用。

这里使用的编程语言是类似于JavaScript语言的Solidity、类似于Python语言的Serpent以及类似于Lisp语言的LLL。使用这些语言编写的代码的样本已经在Github① 上公示，可以自由下载。

① Github是一个社交编程及代码托管网站。

另一方面，如果要保存至区块链，就需要将以太坊上的货币“以太”作为费用来支付，因此就需要用自己的密钥进行安全签名。我们从中可以看出，如果要使用目前情况下作为网页应用的以太坊上的各种应用，还存在着一定的障碍。

为了解决这一问题，有人提出了以下两种方案：一种是建议网站根据自身需要提前持有密钥；另一种则是建议将密钥简单地读入浏览器。另外，为了使用上传至区块链上的智能合约，就必须要发送信息。这时候，为了发送信息就需要找到合约被保存的场所（地址），而只要像比特币一样，使用区块浏览器（Block Explorer）[①] 就可以查阅合约被存放的地址以及合约的代码。对于已经找到的地址，只要发送信息，无论是谁都可以自由地执行合约。

分布式

在以太坊中，为了以分布式的形式保存数据、进行计算、实现节点间数据的往来，出现了各种各样的应用实例。分布式具有不存在故障时间、审查和第三方带来的不公正行为等特性。

检测一个网络是否是分布式的，就有可能检测出其为了修改至今为止积累的历史记录所需要的个人、组织、企业和国家的数据集合规模。

比如，有人指出比特币网络中的分布式构造已经被破坏，少数的矿池（多个矿工共同挖矿的组织）形成了寡头垄断的问题。通过联合矿池或者进行巨额投资，就能够垄断超过半数的哈希

① 区块浏览器是一种能够展现所有的交易以及区块详细信息的服务。

值，进行51%攻击。51%攻击的危险性在于重写过去的交易历史。通过由单一或联合地集中网络中的超半数以上的哈希算力，就有可能重置交易的记录，将过去的交易作废从而独占区块的所有报酬。

具体的操作方法以下所示。

独占超半数的哈希算力的节点，不将自己挖矿发现的区块公开在开放网络中，而是继续在当地进行操作。由于持有超半数的哈希算力，就有比其他矿工更快完成制作长区块链的可能性。这就是滥用了“比特币网络中最长的区块链就是最终正确的区块链，而其他短的区块链会被弃用”的特性。

针对这个问题，以太坊所采取的措施就是采用了Ethash协议，以及能够保护弱小矿工的不利状况而产生收益的GHOST协议。

另外，为了实现点对点的分布式交流，以太坊还应用了旨在扩散消息Swarm协议、旨在实现安全通信的Whisper协议以及为了实现区块链通信的Eth协议。

以太坊的技术概要

前缀树

前缀树（Patricia Tree）是指在储存文字列集合的单词查找树（Trie Tree）的基础上进行特殊化处理的集合数据结构。在以太坊中，通过使用前缀树就能扩大比特币区块链上应用的默克尔树（Merkle Tree），形成能以更高的效率保存数据的协议，即默克尔·前缀树（Merkle·Patricia Tree，也成MPT树）。比特币的默克尔树只有一棵，由被称为默克尔路径的一个根哈希值来记录数据。与此相对的是，以太坊是由三棵默克尔树的梅克尔路径来记录的。这三棵默克尔树分别是用来记录区块链上状态的状态树（State Tree）、用来记录状态变化的历史记录的收据树（Receipts Tree）和用来记录账户的账户树（Account Tree）。

以太坊通信协议

所有在区块链上的点对点通信都非常昂贵，因此以太坊构建了以下三个通信协议：

- 以太协议 Eth Protocol（ETH：//），该协议适用于交易的中继，区块哈希的中继和区块的中继；
- 细语协议 Whisper Protocol（SHH：//），该协议是一种 P2P（点对点）的通信协议，旨在实现有针对性并安全地发送信息；
- 蜂群协议 Swarm Protocol（BZZ://），该协议致力于像比特流那样进行内容的扩散和点对点的文件共享。

轻客户协议

在比特币中，有一种被称为 SPV 钱包的应用。这是一种能为移动电话等不能下载全部区块链的设备，提供验证系统的协议。虽然在以太坊上尚未实现实际安装，但已经开始假设出基于 LES/1 的应用。另一方面，由于今后将变为权益证明，因此我们能够预想到这类应用开发将会变得更加困难。问题在于如何信赖区块头。以太坊的开发团队为了发送区块链的交易和状态，使用分布式哈希表（Distributed Hash Table，DHT）、附有文本管理功能的分布式文件系统（Inter Planetary File System，IPFS）和蜂群协议方区块链的复制版，从而提高信用度。

费用系统

矿工在比特币上获得的报酬基本上是每10分钟的25BTC（截至2016年1月3日，换算后已经达到约130万日元）①，加上用户在进行比特币汇款时发生的1~10日元的交易费。由于每天比特币的交易达到15万次，因此从这笔交易费用中获得的报酬也相当高。但是在以太坊的情况下，这笔交易费中加上了用来计算的费用。为了获得这笔计算费用的数量，会使用类似于Solidity Online Compiler的工具，在左侧记载编码的运行记录，这样就能够计算出必要的燃料的总量。将计算得出的燃料量与现在的燃料价格相乘，就能够计算出必要的以太数量，还能够对照当时的美元汇率从而计算出花费了多少钱。

以太坊智能合约的开发语言

Solidity是以太坊上编辑智能合约的程序语言，与JavaScript语言比较接近。在编辑智能合约时使用的这些经过特殊处理的编程语言都是按照加文·伍德执笔编译的样式来运行的，现在人们最常使用的是Solidity语言。

坏块报告

在以太坊中经常会发生无法获取合约的错误。这是在区块链上企图运作其中任意一个代码而造成的系统故障。当发生“坏块”，也就是系统故障的时候，以太坊上具有向核心开发者报告问题的功能。

① 2016年7月后，区块奖励已减半为12.5BTC。——译者注

坏链金丝雀

很久以前在挖掘矿山的时候，矿工有携带金丝雀去矿山的习惯，这是为了能够提前感知有毒天然气体。在以太坊中，只要四位核心开发者达成得共识，就能够在以太坊发生重大问题时即刻着手处理，同时也能够为用户实现应用的及时更新。

以太坊中存在的问题

由于以太坊还属于开发中的平台，因此势必存在各种各样的问题，其中一个问题就起因于以太坊上运作的合约。

例如，在现在的以太坊上，合约不能够从现在的区块中获得 256 比特长度以前的区块的哈希值，这是为了防止将来各种交易所带来的区块链过满情况的发生。

另一个例子是，基于“合约 A 被编入区块链之后，设置 1000 个区块的哈希随机数”的目标而对合约 A 进行编码时，如果合约 A 在编入区块链后经历了 1256 个以上的区块，那么无论怎样都无法再获取随机数。因此为了创建能预测将来事宜的合约，就有必要再制作一个被称为“时间提醒合约（Time Alert Contract）”的合约，以提前召回操作。

另外，以太坊开始在测试网络运行之后，如果产生将负值归入堆栈等故障就会出现无限生成以太的问题，这是使用不同方法安装了程序语言所造成的。

另外，在扩展性和隐私性方面也存在一定的问题。核心开发者通过使用分片法（Sharding）、动态加密、多方计算等技术，致力于解决问题的讨论和开发。除此之外，为了实现分布式系统会导致一个问题的发生，那就是将在将以太坊从工作量证明转换至POS的过程中是否还能保证安全性。这是因为在保证资产量上取得共识的POS中，可能会出现通过将资产集中于一处而欺骗网络的现象发生。

以太坊的未来规划

区块应用

微软的Azure云中，提供了一种区块链即服务（Baas）的服务，用来作为运作以太坊的系统。

EtherEx

这是一个能读取智能合约上记载的代币的分布式交易所，旨在使各家交易所都能够自动地从区块链上读取标准化的代币。

Weifund/Board Room

这是一个利用以太坊上发行的代币进行众筹，以及按照代币的分配率进行代币的分配和管理的平台。

Slock · it

这是一个为了让全世界的企业都能够制作出智能锁机器的协议。另外，它也将基于实现设备的共享经济的目的的智能合约作为开放资源提供给大众。

Digix Global

新加坡已经开始提供这样一种服务：将顾客预存的黄金作为代币来发行，然后使用黄金的代币来进行价值交易。

Hydra Chain

这是用 python 语言进行以太坊应用探索的 Heiko Hees 所发售的开源软件。以太坊自身是无须权限控制的区块链，而 Hydra Chain 却是有权限的链条，将两者组合在一起能够提供新的服务。将无权限的链条与有权限的链条相组合形成的链条，有人将它称为联盟链。

Augur

这是一种实现预测市场的分布式协议，它能够让个人或企业自由自在地成为预测市场的庄家，或是参与他人创建的预测市场的赌局，甚至成为预测市场的报告者。这一应用的构造在于把正确报告出现实生活中所发生的事情的结果作为激励因素，向报告者分配 REP 代币。

在各种虚拟货币、区块链诞生的过程中都蕴含着分布式的思想。现在所提倡的分布式应用尚处在开发阶段，而且从整体市场来看，虚拟货币的市值总额也只是达到了 1 兆日元左右的规模，可以说市场规模还是很小的。但是，分布式技术的未来却是一片光明。基于此技术的去中心化、合约的执行、同一数据的共同操作、数据的永久性等特性将会应用于所有的行业。

另外，以太坊、比特币等分布式应用的普及不需要依靠其他人，只需要开发者带着一颗探索之心，自由地使用生态系统。我认为，这样的生态系统将会随着轻客户协议、安全多方计算的发展而不断地发展壮大。分布式自由市场也一定会在这样的环境中逐渐成长并得到发展。

当我们思考理想的社会系统应当是什么样的时候，在我们面前呈现出的似乎是带有意识形态的分布式系统。在系统快速普及的当下，我相信我们为这些系统提出自己的见解和思想的那一天并不遥远。

NEM：区块链技术的新架构

黄伦

蜓金融科技（Dragonfly Fintech）首席执行官

区块链技术发源于作为虚拟货币的比特币。对于比特币的交易需要用账本等方法来记录，而如果要在账本上实现谁也不能任意地操作或实行欺诈的目的，这就需要在公有网络上进行必要的管理。

当时几乎没有人会注意到作为区块链技术而被广受关注的分布式账本技术，能够适用于更广泛的范围，以及拥有更强大的力量。相信在不久的将来，这项技术一定会超越虚拟货币的鼻祖——比特币，被应用到各式各样的平台方案中去。

NEM 是基于比特币的概念，并对此进行改良的一种成熟的区块链技术。NEM 是基于克服区块链技术缺点才出现的。

NEM 是一项崭新的开发，它作为全新的区块链技术，具有更高的效率和单纯性，更容易扩展，而且拥有行业标准的程序编程接口式样和设计构造，更容易实现与外部应用的整合。

随着近年来 NEM 等新的区块链技术的出现，比特币区块链技术开始慢慢地为这些新技术让路。现在，虽然有很多企业还在采用比特币区块链技术，但是它们也开始认识到了区块链技术的局限之处。

区块链技术原本就是出于以下考虑才被发明的：

- 管理密码货币代币，由于存在大量相同的数据副本在类似账本的环境中进行交易的记录；
- 这个分布式账本不由任何人控制；
- 为了获取这一代币需要进行挖矿活动，这就类似于现实世界中为了获得黄金进行挖掘一样；
- 基于密码技术的私钥和公钥，能够用于保护和确认交易的系统；
- 拥有能够保护所生成的密码货币（就相当于通过挖矿获得的金钱）的公开账本；
- 拥有恒久不变的不可逆的账本；
- 作为互联网上的点对点系统存在，即使是国家的力量也无法破坏。

之后，区块链技术又开发出了很多新的功能。本文主要围绕其中一项区块链技术平台——NEM 及其实用性进行介绍。

NEM 的背景

NEM 项目是在人们对密码货币的认知达到最好状态的时候开始的。当时已经有将近 1000 种密码货币（正规货币）存在，它们基本上都是比特币密码货币的派生形式，只不过稍微改变了一下公开软件的源代码。

NEM 就是站在有别于以往项目的立场上开发出来的。差异之处在于 NEM 拥有不一样的挖矿方法，而且在挖掘时不需要高价设备。在 NEM 中，这些挖矿过程被称为“收割”（harvesting），这一构造是基于编入数据库服务器的应用服务器的概念形成的。

与其他所有的区块链技术相同，NEM 使用了确保交易私密性、真实性和防止被否认的加密技术（具体而言就是椭圆曲线密码）。各账号都使用了 ED25519 的密钥对，这与交易被网络接收时更新的状态有关。

NEM 为了让密码货币的价值被操纵的概率最小化，以更加分散的状态来分配密码货币，也就是说 NEM 就是基于这样的构思展开的。

NEM 的区块链技术方法

作为第一代的方案，比特币区块链技术从实用性来看，其设计有以下缺点：

- 交易确认上花费时间———交易确认的过程需要 10~60 分钟；
- 使用不方便，需要第三方的扩展和服务；
- 在独立的钱包开发上花费时间，不够实用；
- 方法不是用户友好型，它的对象只是技术娴熟的开发者；
- 欠缺现实生活中的实用性，经常需要第三方的开发，可能造成服务的泛滥；
- 虽然各种第三方服务是不同的，但它们容易导致在方案选择上出现混乱；
- 节点运营需要价格昂贵的机器，浪费电力。

改良自比特币的 NEM 方案则包含了以下内容：

- 重要性证明（Proof of Importance，POI）；
- 计算机网络基础的构造；

- 极短的区块（生成）时间；
- 更加容易的交易管理；
- 节点的自动验证。

重要性证明

NEM 其中的一个改良点就在于应用了重要性证明的新的收割“竞争”的发明。在这个概念中，操作收割的权利大体上是由账户上所持的密码货币的余额，以及账户所处理的交易总量（活跃度）所决定的。账户所处理的交易越多，网络重要性就会上升，该账户能够收割的概率也随之上升。

收割是一种新的手法，在密码货币的收割竞争中，不需要基于大量资本的算力和电力。另外，不仅仅出于对账户所持有的货币余额的考虑，还可以将交易的活跃度放入“方程式”中，以此来排除收割结果被操纵的风险。交易活跃度成为测试网络支持度的指标，也成为在收割过程中产生优势的关键之处。

计算机网络基础的构造

NEM 方案的构造是作为网络服务器上的应用环境被创造出来的。它的编程接口（API）以行业惯例为准则，因此使用了标准的 JSON RESTful API 的方式。基于此，与主流的计算程序进行集成开发就会变得非常容易。

各节点代表服务器，各账号使用这些节点来进行收割。除此之外，各节点还担负着区块链记录保存的作用。由此可见，节点是由运作网络服务器、数据库以及 NEM 区块链技术的核心应用构成的。

用最小的存储容量就可以容纳网络节点，不需要很大的算力。因此，必要的能量消耗和资本的需求量也很少，是一种极为有效的区块链的平台。

各节点通过点对点的网络进行互相的同步，那些被入侵或者因外部因素而改变的节点将会自动从系统排除，因此不会造成安全问题。

与其他区块链技术方法相同，各节点之间不需要相互信用，并以此为前提设计出了共识方式。

这样的节点构成在能够容易地启动节点、迅速地联结客户等方面具有很多优点。钱包是作为单纯的客户端或者特殊化的应用被开发的。但无论何种钱包，总的来说都是作为一种客户来运作的。双方都是通过应用程序编程接口来连接节点，图 5-1 展示的就是两者在功能使用上的结构。

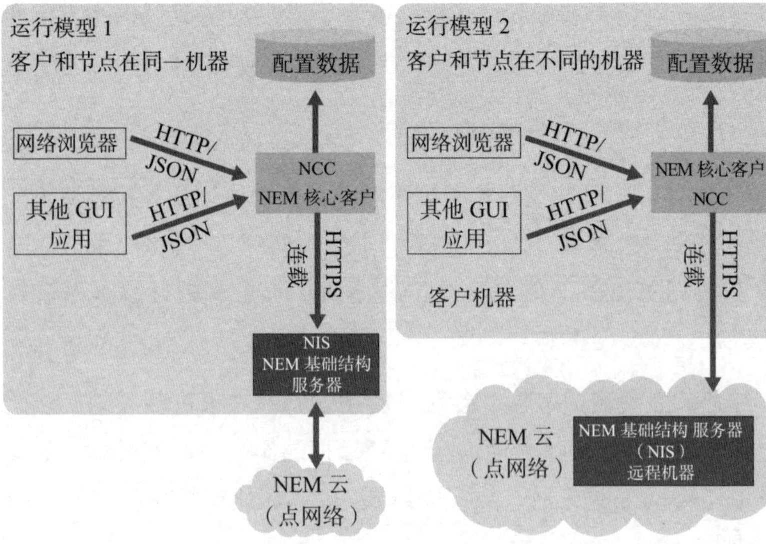

图 5-1　NEM 的网络构造

在以往的设备中，区块链和钱包一样的必须要存储在机器上，因此开发出了很多不同种类的钱包。NEM 的方案是基于网络服务器的构造，因此区块链数据没有必要和钱包一样存在于机器上。实质上，各种应用能从区块链上分离出来，而钱包客户端就会变轻，设计更加简易化，与智能设备也有极高的兼容性。为了处理交易，智能设备需要在后端与中央集权型的服务器相连，该服务器用来与区块链相连运作，这在一定程度上略显矛盾，同时又增加了信用度和安全性的风险。NEM 的构造与比特币的有所不同，可以说它实现了更高的信用度以及真正的去中心化。

短块（生成）时间

交易会成批处理，并在区块单位上被确认（这也正是“区块”链得名的缘由）。与典型的会计处理相同，对所有的账目清算都是通过成批处理来记录，然后在期末转记至多个账户中。在一般的会计处理中，这一期间的单位就是一天或者一个月。

在密码货币的世界中，记账时间的单位是各自不同的，只不过大多数都是以分钟为单位的。比如，在比特币中交易大约是每 10 分钟进行一次成批处理。这些记账时间的单位就被称为区块时间。

在区块链技术中，交易一旦在服务器的存储器上停留，那么直到记录在区块之前都是属于未确认的交易。无论哪种区块时间，可处理的交易笔数大约都是每秒 3~7 笔。区块时间越长，可处理的交易数量也会上升。比特币的区块时间约为 10 分钟，这一数据换算到每一区块上就是大约 1800~4200 笔的交易笔数。

NEM 的区块时间约为 1 分钟，这就相当于每一区块 120 笔交易量，换算成每秒的数据的话，就意味着 NEM 有可能实现每秒 2 个交易的处理。

在区块链上，区块时间越短就意味着确认时间越短。

交易管理

比特币的交易管理显得有点麻烦和复杂，容易导致混乱。“母账号”中挂着很多“子地址”，这些子地址同时也是子账号，汇总至母账号。从这几个子账号中发出信息就意味着交易的发送。这样的管理方法可以说就是招致混乱的原因所在。

相比之下，NEM 的交易管理方法则非常简洁。只要开设一个账号，所有的交易都可以在这一个账号上进行处理。一个母账号同时也发挥着一个子账号的作用。这样一来，在交易上就不会引发混乱，整个交易流程也极容易被理解。

节点的自动验证

点对点网络非常强大，即使一部分节点发生了故障也能够继续运作，实现了系统百分百的正常运作时间。然而它也存在着一定的缺点，那就是所有的节点都是匿名的，要知晓这些节点是否持有恶意是非常困难的。

在 NEM 的网络中可以导入 Eigentrust++ 算法，进行节点的自动化管理，并从信用度的观点来进行星级评价。在此网络上没有获得信用的节点就会被拒绝和无视。

这一评价系统是 NEM 所特有的。这样的评价模型也是最早应用于节点管理上的。

下一代的区块链技术

NEM 的区块链是基于简化的密码货币的构想而出现的。我们可以看到人们对最初的方案和 NEM 的开发本身都表现出一定的关注度，同时也从一部分活跃的参与者身上看到了有价值的信息。而 NEM 区块链平台也朝着世界一流平台的方向发展，在这过程中导入了各种各样新的功能，NEM 的区块链平台也逐渐变得完善。

随着开发的深入进行，NEM 一步步导入了以下所示的功能：

- ED22519 电子签名算法的应用；
- 行业内最早的链上多重签名功能；
- P2P 时间同步功能；
- 代币资产管理功能；
- 私有型区块链。

除了部分私有型区块链，上述各功能都是最早应用于密码货币行业的。这些功能可以说是第二代区块链技术的开端，随着上述这些功能应用的普及，相信一定还会出现更多的技术方案。

NEM 的区块链技术也有可能在主流应用中发挥其实用性。

ED22519 电子签名算法的应用

NEM 导入了 ED22519 电子签名的算法，ED22519 电子签名是最安全快速的算法之一。

这一应用基于 ED22519 公钥签名系统的 C 语言实现了 python 绑定。

利用这一算法库，能够创建出用于签名和认证的密钥对，从签名密钥中导出认证密钥，在信息上签名，然后验证签名，全部过程就能够快速（仅需要 2 毫秒）完成。密钥和签名非常短，而且在操作上也能够很容易地编入其他协议。尽管如此，所有已知的攻击都需要至少 2^{128} 个操作，因此也提供了与 AES-128、NIST、P-256 以及 RSA-3072（以上均为不同的加密算法）同等水平的安全性能。[①]

链上多重签名功能

对于一个交易的确认，有时候需要多方参与，因此由多名当事者参与的用来控制账号和取得交易执行共识的确认方法——多重签名（Multisig）就显得非常重要。

这项功能模仿了主流的商业要求。一般情况下，无论是在工作流交易还是在金钱交易过程中，都需要多名当事者来确认。在满足一定标准时，这个功能就能自动地实现交易的签署和验证。

另一个例子就是我们现实生活中的支票交易，这也需要一名或多名当事者的签名。因此，多重签名可以说是我们这个现实世界的一部分。

NEM 的多重签名功能是一个独立的功能，它与其他区块链技术不同。在交易广播到区块链之前，不需要依靠中央集权型的应用进行签名编译。

所有的过程都是在区块链上完成的，因此不用担心所有的应用或者账号能否在中央集权型的应用服务器上运作，就可以完成签名。在这个功能上不存在任何故障点，这也正是 NEM 的独特

① ED22519 公开密钥签名系统的详细情况请参照 NEM 的编程及代码托管网站（GitHub）。

之处，是非常强大的特征。

在 NEM 上，一笔交易中最多可以由 32 名当事者来参与签名。另外，还有可能存在 N of M（N 人中的 M 人）的签名方式，这意味着签署交易的可以是一部分人（M），也可以是全部的人（N）。

除此之外，还可以更换签名的当事者，这在实际应用中是一个非常有益的功能。比如当发生某人去世或密钥丢失的时候，如果不能删除这个签名当事人而替换他人的话，那么这个账号就会无法使用。

P2P 时间同步功能

与其他的密码货币相似，NEM 在交易和区块上也不得不依靠时间戳。理想情况下，网络上的所有节点时间都应当是同步的，但现在，在几乎所有的操作系统中，尽管已经加入了时间同步功能，但总会发生节点的当地时间与实际时间有 1 分钟以上偏差的情况。这就是节点拒绝有效交易或者区块的原因，这也造成了这些节点无法与网络同步。

因此，为了确保所有节点都能在时间上达成一致，必须要持有同步机制。同步的方法基本上有以下两种：

- 使用已有的协议，如 NTP；
- 使用自定义协议（Custom Protocol）。

使用 NTP 的好处在于安装简单，而且网络时间总是能够调整至接近正确时间。但是这一协议也存在缺点，那就是网络必须要依赖外部的服务器。

加入网络的节点也常会因为某些原因而无法设置 NTP。这些节点是独立且匿名的，因此无法进行控制。也就是说，确保这些节点时间的同步性是非常困难的，经常会造成无法连接 NEM 区块链的情况。

如果使用只依靠点对点网络自身的自定义协议就可以解决这个问题，那么也就需要做出一定的权衡。为什么呢？因为将网络时间总是调整至接近正确的时间本身就是无法保证的。

NEM 采用了一种自定义协议，以确保与外部实体完全独立，它使用了一种基于重要性因子的聪明方式来同步各节点的时间。

代币资产管理功能

NEM 区块链平台中最强大的功能就是在区块链上应用了代币发行管理系统。

在 NEM 区块链上，不需要花费几分钟就能形成代币，还可以根据一定的标准上对代币进行定义。作为 NEM 的公有区块链基础的密码货币——新经币（XEM），可以被视为 NEM 中最初创立的代币资产。

在 NEM 上形成的每一个代币都是唯一的。首先命名空间（name space）领域会由创建者制定和持有，之后就能生产出无数个有唯一命名的代币。

在各自的命名空间领域中，其他的创建者也可以进行同样的操作。但是其他创建者或许想生产与最初的创建者同名的代币，用来区分这两者的是“命名空间领域是唯一确定”的这一构造。此时，通过将命名空间与代币名称相结合，就能够使代币拥有唯一合法且独特的名称。

在NEM中，命名空间领域被称为name space，而代币被称为马赛克（mosaic）。

每一马赛克拥有以下的属性。

- 说明（Description）。马赛克的说明最多128个字符，可由持有者修改；
- 可分性（Divisibility）。设置可分性后最多可实现小数点后6位的数量分割。例如，可分性为2就意味着小数点后2位；
- 信息（Information）。属性的大小限制字节排列，这与NEM中的“信息”相同；
- 域名或命名空间（Domain name或name space，必须项）。马赛克的创建者登录且持有的全世界唯一且正确的域名。顶级水平的命名空间有16个字符的限制，次级命名空间中有64个字符的限制；
- 姓名（Name，必须项）。即马赛克的名称。最多32个字符。域名领域中必须唯一确定；
- 可变发行量（Mutable quantity）。流通中的马赛克数量。不变的时候数量为固定，动态时可以追加数量或销毁数量；
- 可转让性（Transferability）。“不允许”的时候只能在用户和创建者之间转让，“允许”的时候可以自由地在第三者之间转让；
- 征税（Levy）。税金设定为马赛克的创建者在之后的马赛克交易中的手续费。这笔手续费可以发送至创建者选择的账户。任何马赛克或XEM都可用作征税。

未来，我相信还会开发出分红、评价、召回、复层构成（在资产内叠加资产）、发行者承担手续费、不可转让的白名单的扩大、重新定义的手续费、简易第三方托管以及可变的有效期等新功能。

NEM 区块链的实用性

NEM 区块链是为了能够适用于现实世界中的多个领域而设计的。以下就是其中一部分的应用实例：

- 文件的时间戳和电子指纹；
- 加密或非加密的消息系统；
- 只有在 NEM 上才有的，不需要钱包的，链上多重签名功能。例如：即插即用（PNP）功能，即不需要启动软件或同步区块链，插入 USB 驱动器就能用于交易签署的小型软件。
- 使用 NEM 密钥标识符（NEMKID）的无须密码的签名注册功能。这是一种非常安全的认证方法，可以作为二段认证的密码来使用。
- 马赛克交易（马赛克是 NEM 中的一种资产类型。通常区块链上的资产多被称为彩色币，马赛克虽然是其中的一种，但不是通过在资产上附上“颜色”加以区分的，不同之处体现在个别代币的实际发行中）：

  ✓ 资产可以自由地实现发行量的变更，发行数量内的变更或数量固定；

  ✓ 各马赛克运用命名空间方法，拥有唯一的名称；

  ✓ 资产可以在规定期间后可失效（一般在几秒到十几秒的范围内，使用区块时间来设定）时间；

  ✓ 资产内部还可以含有多个资产（派生的派生的派生）无限制的排列；

  ✓ 可以将资产与其他资产挂钩，比如股价，挂钩意味着保持汇率不变；

  ✓ 资产能够用现实世界中的资产（如黄金）来担保；

  ✓ 资产不可以在用户之间，只能在设定发行者和用户之间准许交易的基础上来发行。比如土地的所有权、用户身份等。

• 基于将来的商业规则（智能合约）的应用，很有可能将实现以下的几点：
  ✓ 分布式应用；
  ✓ 中心化应用；
  ✓ 外部或区块链基础上的第三方托管方案、赌局或金融衍生商品等实际应用。

时间戳

时间戳是一个简单的信息系统，无论是谁想要将某信息发送至区块链都可以在该交易上印上时间戳。例如，将印上时间戳的活动按以下指令，就能发送至特定的账户上。

Event Reference number：4747959585

Hash Reference Number：417035h2hTT8823785255bbcc8127582 57kd85720ye9572jH7KQ

随后就可以获得哈希参考号码用来参照更多的信息。另外，如果想要实现更具可读性的服务，还可以编写用来读取参照信息和时间戳的程序。

无论是图像还是文件，或是变成哈希值的图文组合，电子文件能够提供无可争辩的文件原创性的证明。所有的电子文件都是唯一确定的，因此文件哈希值或电子指纹都能够迅速识别出来。

信息发送

无论交易中是否有代币，交易中都可以包含一定的消息。消息中最多可以保存160个文字，还可以选择对消息进行加密处理

（加密会有 48 个文字空间的减少，因此最多文字量变为 112 个），这对于附有消息的交易是非常有用的。

关于区块链上能记载的消息的大小限制，与其说它是设计上的限制，倒不如说它是一个选择性的问题。即使非公有链上的主体采用了 ISO20022 消息形式，那么无论它的大小是 2KB 还是 20KB，都可以轻而易举地操作。我们这里所说的限制是指信息大小对区块链本身的大小会产生影响。例如，一天 100 万交易中的 2KB 的信息会使区块链每天增加 2GB 的数据库，换算成一年的量，就是 730GB。实际上，这个限制是硬盘的容量所能接受的限制。另外值得一提的是，硬盘是非常便宜的，在非公有链上不会引起任何问题。

多重签名

独特的多重签名功能是 NEM 中比较重要的功能，其独特之处在于它与现行的技术不同，所有的签名在广播之前不需要保存在中央化管理的钱包中，也不需要将其同步上传至网络。多重签名技术首先签名并向节点（网络基础设施服务器，Network Infrastructure Server，NIS）发送信息，然后经由该网络基础设施服务器将信息传送至所有的网络基础设施服务器，在这个过程中，信息最多可以保存最多 24 小时（提前规定好的），以等待剩余的签名者来签名。NEM 的解决方案不依存于中央集权型应用，而是使用网络基础设施服务器，以正当合理的做法（去中心化、分布式的方式）来保全交易的运行。

最终呈现在我们眼前的就是这种分布式的多重签名方法。当所有签名者都完成签名后，交易就会被视为有效状态，从而自动地同步至区块链。

其他区块链技术通常是由第三方提供多重签名服务，但在

NEM 上则是将其作为一个标准功能。这对于想要实现多重签名功能的自动化编程者而言，也意味着能够通过 NCC（NEM Core Client，NEM 核心客户端）来具体调用程序编程接口。这使得多重签名方法的实现变得极为容易。

多重签名所能实现的功能远远不止如此，还有以下几点：

- M of N（N 人中的 M 人）功能，即 N（最多 32 名）个签名者中间，只要满足最少 M 人的签名；
- 签名者的增加和删除；
- TTL（存活时间，time to live）交易，例如全部的签名者在签署交易前最多有 24 小时的有效期限。

多重签名在自动化的第三方托管或者文件激活服务中尤其具有实用性。另外，多重签名功能本身就可以作为实现其他合约或活动的触发器来使用。

总的来说，NEM 的核心开发团队并没有对去中心化的智能合约的概念持有完全肯定的意见。为什么呢？那是因为存在于区块链上的去中心化智能合约有可能会面临各种各样的问题。另外，在 NEM 的开发者眼中，能够凭借由一个或多个合约主体所管理的不依存于外部输入状态而实现区块链上的智能合约的现实例子是不存在的。那是因为出于对外部输入的依赖，不得不将本应当去中心化的智能合约再次归入中央集权型队列。讽刺的是，这与智能合约的存在也是极其矛盾的。另一方面，一些先进的企业已经采取了与智能合约截然不同的形式进行业务运营，如果将其置换到区块链基准上，恐怕就需要庞大的费用和漫长的时间了。

为此，我们可以采取一个快速且有效的解决方法，那就是为了操作交易而准备好用于中心化智能合约的所有“钩子”（hook）。

从这一点来看，可以说 NEM 与其他方案相比已经站在了一个非常有利的位置上。

债券的发行和支付就是其中一个很好的例子。一般来说，在债券的发行和支付过程中都伴随着以下几个项目：

- 到期日；
- （债券的）票面利率；
- 本金或者面值；
- 定期的付息。

如果采用不经由第三者介入的去中心化的智能合约的话，那么为了确实履行合约则需要复杂深入的金钱交涉，去中心化所带来的问题反而更多了。

智能合约可能因为以下几个缺点而无法执行：

- 企业不能隐藏现金，因为这有悖于原本的融资目的；
- 在债券有担保且无法履行义务的时候，那么几乎就会造成变卖资产或者行使担保权的结果。因此，这时就不可避免地会有中央集权型力量的介入；
- 合约还必须要调用支付。由于支付行为是通过中央集权型主体——银行来操作的，因此目前智能合约的“智能”程度具有一定的局限性。

对此，NEM 的应对方法则非常的简单：

- 使用 NEM 的资产发行用来代表债券和交易条款的债券代币。也就是说将其作为能进行时间戳和认证操作（即生成哈希值并记录于区块链上）的文件来处理；
- 中心化合同能自动地向债权人的账户进行汇款和支付；

- 中心化的证券交易，以允许债权人之间进行债券交易；
- 根据对债券代币多重签名的应用，来进行交易平台各当事人之间的债券处理和结算确认。

如上的权利行使过程非常顺利且简便，同时也遵循着现实世界的必要条件。智能合约（利息计算、支付、到期管理以及其他条件）本身在构筑管理系统方面所花费的巨大成本就是一种浪费。出于交易代币这一特定目的的交易平台则是必需的，而且它的构建一次就能完成，之后就可以全面地处理所有的债券和证券了。

值得一提的是，在 NEM 中设定和发行债券代币需要花费的时间不到 30 分钟。

NEM 密钥标识符（NEMKID）

NEM 中对于公钥和私钥方案的实施非常容易。

通过使用 NEMKID，登录服务时服务器就不需要在数据库上保存密码。或者说，当系统要求密码时，通过使用 NEMKID 就可以用来认证用户。NEMKID 实质上就是出于用户签名目的而生成的必要的由字母和数字组成的密钥。当签名相符的时候，用户就被认证为正当的用户。

NEMKID 可以作为二段认证来使用，也可以从 NEM 中独立出来开发别的用途。以下就是对其构造的说明。

- 应用程序将用户的 NEMKID 公钥保存于数据库中。当用户登录的时候，应用程序就会向用户提供随机生成的文字列。
- 用户用私密钥签名的话，服务器就会返回哈希文字列，用来比较该用户是否是持有正确密钥的用户。
- 如果密钥正确的话，应用程序就会认可用户的登录。

- 这意味着不需要密码本身，同时也可以排除黑客入侵等造成的密码泄露的危害。
- 如果想要实现更加强壮的认证方案，那么就可以使用 NEMKID 的二段认证作为辅助。
- 进一步而言，NEMKID 也可以作为真实性证书来使用，用来证明该用户是否是本人。

代币的自动分配

有些应用程序需要基于多重签名的自动代币分配功能，只需要少量的劳力和调用几个编程接口就能较为容易地开发这些应用。这其中还包含了游戏内钱包的代币激励、简易的插口方案。

例如，如果某企业想要发行忠诚度积分，那么该企业就可以管理高忠诚度顾客的数据库，然后构建出系统用来授予他们忠诚度积分。该企业不是自己来编写用于管理用户积分的复杂程序，而是通过使用 NEM 的区块链方案简单地发行代币，就能让系统来处理交易和管理忠诚度积分。上述行为在管理积分上不需要费任何工夫。最终该企业在规划积分系统的运营时，就能够实现成本的大幅削减。通过使用 NEM，所有的设计和结构都会变得简单，创建积分系统也只需几周就能完成。

NEM 是由密码货币领域中 3 名顶尖水平的工程师研发的、先进的区块链方案。在区块链领域中提供商用平台的科技局公司和蜓金融科技公司，在日本以及东南亚各国积极推动着 NEM 区块链技术应用的发展。当然，它的功能还要经受时间的考验，但我们希望能在私有区块链和公有区块链领域中提升 NEM 技术的水平。

译者后记

2008年，一名自称“中本聪”的神秘人士发表了一篇题为《比特币：一种点对点的现金支付系统》的论文，为我们描述了比特币的运行模式，它的核心和底层技术——区块链也逐渐走进了人们的视野，智能合约、物联网和以太坊等新兴词汇也逐渐被人们熟知，并应用于我们的生活。

那么，比特币究竟是一种怎样的支付方式？区块链技术是什么？它会孕育出怎样的商业模式？它需要怎样的技术支持？它的未来有何可能性？它将如何颠覆金融、商业等各行业以及我们的生活乃至世界？比特币和区块链技术是否存在安全隐患和法律问题？区块链技术是否值得我们关注？在《区块链冲击：改变未来产业的核心技术》这本书中，你将找到这些问题的答案。

这本书集合了15位日本专家学者的洞见，他们分别从业界动向、区块链技术对商业的冲击、法律制度、平台建设和密码技术以及未来展望等方面对区块链技术进行了详细的介绍。他们走在比特币/区块链技术领域的前沿，坚信区块链技术拥有着改变社会基本结构的巨大潜力。他们仿佛为我们打开了新世界的一扇大门。

我们生活的时代是一个高速发展的时代，它瞬息万变，随时会有新鲜的东西出现来代替陈旧的东西。我们不应当原地等待，而是要努力掌握时代变化的规律。而对于新兴事物，我们不能全盘否定或者全盘接受，而应当在深入了解的基础之上有所取舍。对区块链技术亦是如此，我们首先要做的就是深入了解它。这本书就是为每一个人了解比特币和区块链技术准备的一把钥匙。作为译者的我，希望通过我小小的努力，能让这把钥匙发挥它最大的作用。

翻译本书的过程是我难得的一段人生经历，在这个过程中我学到了很多，也让我知道了作为一名译者应当具备的素养和能力。非常感谢魏宁、张钊、朱文佳、肖凤霞、鹿桐欣、赵晓玮、高瑞霞、成欣、易汕、马伊莎、况辉等人对我的帮助和鼓励。希望每一位手捧此书的人都有所收获，都幸福安康！

无论如何，翻译是一项无比重要的工作。受日语水平和学术功力的限制，错误之处在所难免，还请各位读者批评指正。

北京阅想时代文化发展有限责任公司为中国人民大学出版社有限公司下属的商业新知事业部，致力于经管类优秀出版物（外版书为主）的策划及出版，主要涉及经济管理、金融、投资理财、心理学、成功励志、生活等出版领域，下设“阅想•商业”“阅想•财富”“阅想•新知”“阅想•心理”“阅想•生活”以及“阅想•人文”等多条产品线。致力于为国内商业人士提供涵盖先进、前沿的管理理念和思想的专业类图书和趋势类图书，同时也为满足商业人士的内心诉求，打造一系列提倡心理和生活健康的心理学图书和生活管理类图书。

阅想•财富

《一本书读懂 FinTech》

- 一本全面梳理 FinTech 前沿趋势和相关知识的入门读本，让你清晰了解 Fintech 为大众生活带来的翻天覆地的变化。
- 全球知名管理大师、日本著名管理学家和经济评论家大前研一推荐。

《Fintech：全球金融科技权威指南》

- 汇集全球 86 位金融科技前沿实践者的前沿洞见与实战经验之大成，全面透视金融技术风暴、深刻解析金融科技行业颠覆、创新与机遇的专业权威著作。
- 科技正在颠覆与重塑金融行业，FinTech 无疑将成为互联网商业的下一个风口。

《区块链数字货币投资指南》

- 全面解析区块链数字货币投资价值、趋势与风险，助力投资者掘金未来资本市场的主流战场。
- 国内极富影响力的权威数字货币平台——巴比特团队倾心之作。

《约翰·博格的投资智慧》

- 一本集共同基金投资大师 60 年职业生涯投资智慧与思想的经典必读书。
- 约翰·博格及其创建并领导的先锋集团和指数基金不仅获得了商业上的成功，而且还在很多方面获得了成功。他一生都在奉行“投资者第一”的理念。这不仅改变了个人的投资方式，而且让成千上万投资者受益。

《巴菲特投资与经营哲学》

- 一本投资者必读的、系统而全面分析巴菲特投资思想、解密“伯克希尔哈撒韦帝国”经营神话的书。
- 本书作者首次揭示了巴菲特 60 年来能够保持 20% 回报率的秘密，以及巴菲特的核心财富驱动力其实就是伯克希尔哈撒韦公司的经营哲学，全面解读了这位商界奇才的投资理念和商业思想。

图书在版编目（CIP）数据

区块链冲击：改变未来产业的核心技术 / 日本 Bitbank 株式会社，《区块链冲击》编辑委员会编著；鲁维琼，魏宁译．— 北京：中国人民大学出版社，2018.4

ISBN 978-7-300-25364-0

Ⅰ．①区… Ⅱ．①日… ②区… ③鲁… ④魏… Ⅲ．①电子商务—支付方式 Ⅳ．① F713.361.3

中国版本图书馆 CIP 数据核字（2018）第 003208 号

区块链冲击：改变未来产业的核心技术

［日］ Bitbank株式会社 《区块链冲击》编辑委员会 编著

鲁维琼　魏　宁　译　曾丹华　审译

Qukuailian Chongji : Gaibian Weilai Chanye de Hexin Jishu

出版发行	中国人民大学出版社		
社　　址	北京中关村大街 31 号	**邮政编码**	100080
电　　话	010-62511242（总编室）		010-62511770（质管部）
	010-82501766（邮购部）		010-62514148（门市部）
	010-62515195（发行公司）		010-62515275（盗版举报）
网　　址	http：//www.crup.com.cn		
	http：//www.ttrnet.com（人大教研网）		
经　　销	新华书店		
印　　刷	天津中印联印务有限公司		
规　　格	148mm×210mm　32 开本	**版　次**	2018 年 4 月第 1 版
印　　张	7.125　插页 1	**印　次**	2019 年11月第 3 次印刷
字　　数	153 000	**定　价**	65.00 元